# 초등, 글쓰기보다 중요한 것은 없습니다

# 초등, 글쓰기보다
# 중요한 것은 없습니다

1판 1쇄 인쇄 2021. 11. 5
1판 1쇄 발행 2021. 11. 15

지은이 이상학(해피이선생)

발행인 고세규
편집 봉정하 디자인 지은혜 마케팅 신일희 홍보 박은경
발행처 김영사

등록 1979년 5월 17일 (제406-2003-036호)
주소 경기도 파주시 문발로 197(문발동) 우편번호 10881
전화 마케팅부 031)955-3100, 편집부 031)955-3200 | 팩스 031)955-3111



값은 뒤표지에 있습니다.

ISBN 978-89-349-5246-6 03370

홈페이지 www.gimmyoung.com 블로그 blog.naver.com/gybook
인스타그램 instagram.com/gimmyoung 이메일 bestbook@gimmyoung.com

좋은 독자가 좋은 책을 만듭니다.
김영사는 독자 여러분의 의견에 항상 귀 기울이고 있습니다.

공부의 기초체력을 키우는 초등 글쓰기 완전정복

# 보다 중요한 것은 없습니다

해피이선생(이상학) 지음

김영사

**일러두기** 실제 초등학교 아이들이 쓴 글을 그대로 옮겨 예시로 실었습니다. 국어표기 및 문법적으로 오류가 있더라도 바꾸지 않고 싣는 점을 양해 부탁드립니다.

머리말

# 생각 근육을 키우는 글쓰기의 중요성

# 생각 근육을 키우는 글쓰기의 중요성

“내일 국어 시간에는 창의 글쓰기를 할 거예요”, “이번 주말에는 일기장에 가을, 친구, 동물 등을 소재로 글을 써보세요”라고 하면 대다수의 아이들은 시무룩해집니다. 아이들에게 글쓰기는 무척 곤혹스럽고 싫은 일인 것이지요. 글을 어떻게 써야 하는지도 막막한데, 예쁜 글씨, 맞춤법, 띄어쓰기, 비유나 은유 표현 사용 등 신경 써야 할 게 너무 많습니다. 그러니 선생님의 입에서 나오는 ‘글’이라는 단어가 무서운 괴물처럼 느껴집니다.

아이들이 글쓰기를 어려워하는 데는 여러 이유가 있겠지만, 가장 큰 이유는 생각하는 힘의 부족입니다. 요즘 아이들은 깊이 생각하는 것을 싫어합니다. 단순하고 즉각적인 자극에 익숙해지다 보니 다양한 각도에서 이리저리 고민해봄으로써 결론을 도출해내는 것을 부담스러워합니다. 글을 쓰건 문제를 풀건 생각을 해야 하는데, 유튜브 영상에서 지식을 찾거나 인터넷 검색창에 입력해 답을 찾는 게 더 쉽고 빠른 일인 것이죠.

하지만 이렇게 쉽고 편한 것에 익숙해지다 보면 나중에 중학교와 고등학교에 진학해서도 깊게 생각하지 못하며, 학업 측면에서 커다란 한계에 봉착하게 됩니다.

이 책은 '아이들이 어렵고 싫어하며, 낯설어하는 글쓰기를 잘 하려면 어떻게 해야 할까'라는 고민에서 시작되었습니다.

최근 서점가에 초등 글쓰기에 대한 책들이 많이 쏟아져 나오는데 학부모님 입장에서는 과연 어떤 책을 보고, 어떻게 글쓰기를 가르쳐야 할지, 무엇을 준비해야 하는지 혼란스러울 것입니다. 이 책이 이러한 혼란을 더 부채질하는 것은 아닐지 고민하고 또 고민했습니다.

그렇지만 초등 글쓰기에 대해 감히 총정리를 해보고픈 마음이 컸습니다. 이 책을 통해 초등학생의 글쓰기가 왜 중요한지, 그리고 어떻게 대비해야 되는지 구체적이고 명쾌하게 알려드리고자 합니다.

먼저 1장에서는 글쓰기 습관이 왜 중요한지, 어떻게 해야 습관으로 자리 잡을 수 있는지 구체적으로 알려 드립니다. 그리고 가정에서 실천할 수 있는 손쉬운 글쓰기 방법도 제시합니다.

2장에서는 초등학교에 입학하면 처음 접하는 글쓰기인 일기에 대해 자세하게 설명합니다. 일기 쓸 때 무엇이 중요하며, 어떻게 하면 잘 쓸 수 있는지 알려 드립니다.

3장은 독서보다 중요한 독후 활동인 독서록에 대한 이야기입니다. 독서와 독서록은 함께 굴러가는 바퀴와 같습니다. 서로 균형을 이루며 함께 갈 때 그 효과가 배가됩니다. 또한 다양한 독후활동의 세계에 대해서도 소개합니다.

4장은 창의력을 키우기 위한 글쓰기 방법을 소개하며, 실제 아이들이 집에서 바로 쓸 수 있는 창의 글쓰기 주제 14가지를 제시합니다.

끝으로 5장에서는 학년마다 강조되는 글쓰기에는 어떤 것이 있는지, 그리고 과목별로 요구되는 글쓰기에 대해 교과서의 풍부한 예시를 통해 알기 쉽게 설명해 드립니다.

각 장에는 이해를 돕고자 제가 맡은 4학년 아이들이 실제 쓴 글도 소개하고 있습니다. 부록에는 지금 당장 사용할 수 있는 저학년과 고학년용 독서록 예시도 실었습니다. 이것들을 응용하여 가정에서도 다양한 글쓰기를 실천해보면 좋겠습니다.

'2022 개정 교육과정'의 핵심 내용은 중학교에서 서술형, 논술형 평가를 도입한다는 것입니다. 아울러 수능 시험에서도 서술형, 논술형 평가 도입이 검토되고 있습니다. IB 교육도 최근 교육계에서 커다란 화제입니다. IB 교육은 논술과 토론 위주로 수업을 진행하며, 시험 역시 정답의 다양성을 존중하는 논술·구술형으로 진행되는 특징을 가지고 있습니다.

이처럼 글쓰기에 대한 사회적 관심은 계속 높아지고 있습니다. 부모님들께서는 글쓰기를 강조하는 최근의 시대 변화에 능동적으로 대응하며 미리 준비해야 합니다. 이 책이 글쓰기로 고민하는 학부모님과 아이들에게 도움이 되며, 시대의 요구에 부응하는 책이 되기를 바랍니다.

항상 책 쓰는 남편을 이해하며 응원해준 아내에게 고마운 마음을 전합니다. 예쁘고 꼼꼼하게 책을 만들어준 김영사 분들께도 감사하며, 흔쾌히 아이들의 글을 책에 싣도록 협조해주신 4학년 2반 학부모님과 아이들에게도 고마운 마음뿐입니다.

2021년 늦가을

해피이선생

이상학

# 차례

## 2 글쓰기의 첫 출발, 일기 쓰기

## 3 독서보다 중요한 독후활동



## 4 창의력을 키워주는 글쓰기

## 5 학년마다 글쓰기 종류가 달라야 하나요?

# 1

# 글쓰기도 습관이다

## 글쓰기의 첫걸음

글은 많이 써봐야 실력이 늘어납니다. 이것은 당연한 이치입니다. 하지만 많은 사람들은 글 쓰는 것을 두려워하며, 막막하게 생각합니다. 이는 아이들뿐 아니라 성인들도 마찬가지입니다.

유시민 작가는 글쓰기 잘 하는 방법으로 '많이 읽고' '많이 쓰는 것'을 강조합니다. 자꾸 글을 쓰다 보면 컴퓨터 키보드나 볼펜이 손가락처럼 자연스러워지는 순간이 찾아올 거라며, 그렇게 글쓰기에 익숙해지라고 말합니다.

일본의 소설가 무라카미 하루키는 매일 새벽 4시에 일어나 글쓰기, 달리기와 수영, 독서와 음악 감상의 시간을 차례로 보낸 뒤 밤 9시에 잠자리에 드는 일과를 반복했다고 합니다.

하버드대에서 20년간 글쓰기 프로그램을 이끌어온 낸시 소머스 Nancy Sommers 교수는 하루 10분이라도 매일 글을 써야 비로소 '생각'을 하게 되고, 어릴 때부터 짧게라도 꾸준한 읽기와 쓰기를 해온 학생이 대학에서도 글을 잘 쓴다며, 짧은 글이라도 매일 써볼 것을 강조합니다.

결국, 글을 잘 쓰기 위해서는 글쓰기 근육을 만들어야 합니다. 이것의 유일한 방법은 글을 자주, 많이 써보는 것입니다. 쓰지 않으면 잘 쓸 수 없습니다. 고민한다고 해결되지 않는 것이 바로 글쓰기입니다. 글을 쓴다는 의미는 책상 앞에 앉아 정식으로 원고지에 쓰는 것이 아니라 짧은 글, 메모도 가능합니다. 언제 어디서든 글을 쓸 수 있다면 무조건 쓰는 게 답입니다.

사람은 망각의 동물이기에 떠올랐던 생각과 느낌을 잊어버리는 경우도 많습니다. 그래서 머릿속에 스쳐 지나가는 생각과 느낌을 그때그때 적어두어야 합니다. 또한 하루 15분만 할애하여 아무 글이든 매일 끄적이는 것도 좋은 방법입니다. 글 쓰는 습관을 들이면 예전에 쓴 글과 비교해서 읽었을 때 한층 성장했음을 스스로 느끼게 될 것입니다.

하지만 많은 사람들에게 하루 한 줄이라도 글을 쓰는 것은 어려운 일입니다. 글을 쓸 마음은 있더라도 막상 종이에 글을 바로 쓰는 것은 쉽지 않습니다. 그럴 때에는 글을 쓰기 전에 입으로 말해보는 것도 좋은 방법입니다. 누구나 말하는 것은 어렵지 않고 익숙하기에 일단 말해보고 그것을 글로 정리하면 쉽게 접근할 수 있습니다.

하루 한 줄이라도, 매일 15분 정도 투자해서 글을 쓰는 것은 힘든 일임이 분명합니다. 즉, 글쓰기는 단기간에 이루어지지 않습니다. 그래서 유치원, 초등학교 저학년 때부터 꾸준하게 연습이 필요한 것입니다.

글쓰기 교육의 올바른 방법은 학습자에게 글을 쓰는 기술이 아닌 지혜와 경험을 가르치는 것입니다. 선천적으로 글쓰기에 뛰어난 능력을 가진 극소수의 사람을 제외하면, 글쓰기 능력을 향상시키는 데 있어서 글을 많이 써보는 경험보다 더 중요한 것은 없습니다. 결국 글쓰기에 있어서 가장 중요한 교육 방법은 학습자로 하여금 흥미를 가지고 글을 많이, 그리고 자주 쓸 수 있는 경험을 갖도록 하는 것입니다.

그럼, 어떻게 하면 아이들에게 글을 쓸 수 있는 경험을 만들어줄 수 있을지 알아볼까요?

# 2 글쓰기 노트를 준비하라

## 글쓰기의 첫 번째 준비

아이들에게 글쓰기 노트를 만들어주세요. 매일 15분 정도 시간을 투자해서 글을 쓰면 더욱 좋겠지만, 단 한 줄이라도 자신만의 글쓰기 노트에 무언가를 써보도록 합니다.

요즘 초등학생들은 노트 없이 다니는 아이들도 많은 데다 글씨도 예쁘게 쓰지 못합니다. 평소에 글씨를 쓸 일이 별로 없으니 대부분 글씨체가 엉망입니다. 아이에게 '나만의 글쓰기 노트'를 만들어줘서 매일 글도 쓰고 글씨도 써보게 해야 합니다.

그리고 평소 메모하는 습관도 중요합니다. 사람은 망각의 동물이기 때문에 좋은 생각이나 괜찮은 아이디어가 떠올라도 금방 잊어버리게 됩니다. 평소 메모하는 습관을 들이면 나중에 글을 쓰거나 필요할 때 적절하게 사용할 수 있습니다.

아이들과 함께 문구점에 가서 마음에 드는 메모장을 고르게 하세요. 그 메모장에 사소한 것이라도 본인의 생각이나 느낌 등을 메모할 수 있도록 권해주시면 글쓰기에도 많은 도움이 됩니다. 메모는 다른 일을 하다가 잠시 짬을 내어 쓰는 글이기 때문에 최대한 빠르게, 정확하게 써야 하는 것이 관건입니다.

저는 메모장이나 수첩을 가지고 다니지는 않지만 중요하게 기억해야 할 일이나 좋은 생각이 떠오르면 휴대폰의 메모 기능을 활용해서 저장해두는 편입니다. 특히 제가 운영하는 유튜브 채널에 올릴 내용, 혹은 집필할 책에 쓸 내용 등 아이디어가 떠오르면 간단하게 메모했다가 나중에 그것을 자세하게 구체화시켜 나갑니다.

아무것도 없는 백지상태에서 생각을 떠올려 글을 쓰는 것은 저에게도 난감하며 곤란한 일입니다. 하지만 메모했던 내용을 바탕으로 글을 쓰면 좀 더 쉽게 글의 실마리를 열어 나갈 수 있어 큰 도움이 됩니다.

요즘 대부분의 아이들이 휴대폰을 가지고 있습니다. 휴대폰을 게임이나 영상 시청의 용도가 아닌 메모의 기능으로도 사용할 수 있다는 것을 알려주세요. 휴대폰의 메모 기능을 사용해 평소 아이디어를 저장해두는 방법을 알려주어 적극 활용하도록 말입니다.

또한 아이들이 글을 쓸 때에는 항상 '개요 짜기'를 먼저 하도록 지도해야 합니다. 개요 짜기란 내가 쓰는 글의 전체적인 틀입니다. 집을 지을 때 가장 먼저 설계도부터 그리고 뼈대 세우기를 하는 것처럼, 글쓰기에서도 뼈대가 되는 개요 짜기부터 해야 합니다. 글의 시작, 중간, 끝에 어떤 내용을 쓸지 개요를 먼저 작성한 후에 글을 써야 주제에서 벗어나지 않는, 일관성 있고 명확한 글을 쓸 수 있습니다.

하지만 대부분 아이들은 글을 쓸 때 개요 짜기를 패스한 채 곧바로 연필을 잡고 본인의 생각과 느낌을 일필휘지一筆揮之로 써내려가는 경향이 있습니다.

개요 짜기를 강조하다 보면 어떤 아이들은 개요 짜기 때문에 스트레스를 받아 글 쓰기 자체를 꺼려하기도 합니다. 따라서 개요 짜기를 너무 강요하지 말고, 느슨하게 짜는 것도 허용해줘야 합니다. 개요 짜기는 다른 사람에게 보여주기 위한 형식적인 것이 아니라 글을 더 잘 쓰기 위해 도움을 받는 나침반과 같은 역할이라 보면 됩니다.

그러므로 각자 본인만의 독특한 스타일이 있음을 인정해주며, 어떤 형태의 개요 짜기라도 인정해줄 필요가 있습니다.

# 3 필사의 힘

## 필사 노트 준비하기

글쓰기의 시작을 필사筆寫부터 하는 것도 좋은 방법입니다. 필사란 책이나 문서 따위를 베껴 쓰는 행위를 말합니다. 최근 성인뿐 아니라 학생들에게도 필사하는 것이 유행처럼 번지고 있습니다. 위대한 작가들도 필사의 장점에 대해 구체적으로 언급한 바 있습니다.

가령《모비딕Moby Dick》을 쓴 허먼 멜빌Herman Melville은 셰익스피어의《오셀로Othello》를 250번이나 베껴 썼다고 합니다.《인간의 굴레》,《달과 6펜스》를 쓴 서머싯 몸Somerset Maugham은 자신의 글쓰기 비결에 대해서 "나중에 써먹을 생각으로 깊은 인상을 준 문구들을 베끼고, 또 기이하거나 아름다운 단어들의 목록을 작성했다"고 말했습니다.

소설가 조정래 선생도 아들과 며느리에게 자신의 대하소설《태백산맥》을 베껴 쓰게 한 유명한 일화가 있습니다. 그리고 주변에 보면《태백산맥》이나《장길산》,《아리랑》,《토지》와 같은 명작을 스스로 필사하는 분들도 많이 있습니다. 하루 종일 필사하는 것이 아니라 1년 정도의 긴 호흡으로 매일 조금씩 분량을 정해서 씁니다. 이는 심신을 안정시키는 마음 공부 차원에서 하는 것입니다.

자신이 필사한 글들을 반복해서 보며 그 표현 방법을 익히는 것은 글쓰기에 큰 도움이 됩니다. 나중에 글을 쓸 때 적절한 상황에서 인상 깊은 구절의 글들을 떠올려 활용하는 것입니다. 그러면 자연스럽게 본인의 글쓰기 실력이 향상되며, 풍부하고 다양한 표현을 적재적소에 활용할 수 있게 됩니다.

물론 인상 깊은 구절을 필사해서 그것을 암기하여 마치 표절하듯 활용하라는 말이 아닙니다. 그 표현 방법과 글쓰기 특징을 파악해서, 배울 부분에 대해서는 본받고, 적절하게 자기화해서 활용하면 됩니다. 그리고 한발 더 나아가자면, 인상 깊은 구절을 필사할 때 왜 필사하는지 그 이유와 본인의 생각이나 의견을 간단하게 적어두는 것도 좋습니다.

아무리 좋은 글이라 하더라도 그 글에 100퍼센트 동의하지 않을 수도 있습니다. 그럴 때에는 그 글에 대한 평을 남기면 도움이 됩니다. 훗날 그와 비슷한 상황의 글을 쓸 때 본인이 예전에 필사했던 글을 나름대로 발전시켜서 쓸 수 있게 됩니다.

아모레퍼시픽의 서경배 회장은 유명한 독서광인데 약간 색다른 독서 스타일을 가지고 있습니다. 서경배 회장은 책을 읽으며 생각나는 거나 기억하고 싶은 구절이 있으면 책 표지 뒤에 메모한다고 합니다. 그 메모만 보면 나중에 그 책을 다시 처음부터 읽지 않아도 내용이 떠오르기 때문이라고 합니다.

각자의 방법이 다르겠지만, 책의 뒤에 메모하기보다는 본인만의 필사 노트를 따로 만들어서 꾸준하게 인상 깊은 구절이나 기억하고 싶은 내용을 적어두는 것을 권해 드립니다. 아이들에게도 이 방법은 상당히 효과적이라고 확신합니다.

필사의 장점은 여러 가지가 있지만 그중 다섯 가지로 정리해봤습니다.

첫째, 표현력과 어휘력이 좋아집니다. 대부분 필사는 검증된 좋은 책을 베껴 쓰기 때문에 그 안에 있는 효과적인 표현을 따라 쓰며 자연스럽게 익히게 되고, 풍부한 어휘력도 얻을 수 있습니다.

둘째, 맞춤법, 띄어쓰기 공부에 유용합니다. 요즘 아이들은 독서와 글쓰기를 많이 하지 않아서 맞춤법과 띄어쓰기에 취약합니다. 이것은 초등 고학년 아이들도 마찬가지입니다. 필사를 통해 국어의 기본인 맞춤법, 띄어쓰기를 공부할 수 있습니다.

셋째, 집중력이 신장됩니다. 책의 한 문장 한 문장을 따라 쓰다 보면 좀 더 책의 내용에 몰입하게 되며 집중력도 커지는 효과를 얻을 수 있습니다.

넷째, 글에 대한 이해도가 높아집니다. 아무래도 책을 눈으로만 읽는 것보다 글로 쓰며 읽다 보면 내용 파악이 용이하고, 작가의 의도와 내면의 의미를 더욱 깊게 알 수 있습니다. 평소 독자의 입장에서 글을 수동적으로 따라 읽었다면, 필사를 통해 작가의 관점에서 보다 적극적인 책읽기가 가능해집니다. 책을 한 문장씩 쓰게 되면 각 문장의 의미를 깊이 있게 따지게 되어 생각하는 능력도 커집니다.

다섯째, 심리적인 안정을 찾을 수 있습니다. 책을 필사하다 보면 본인도 모르게 마음이 차분해지며 쓰는 행위에 집중하게 됩니다. 기분이 나쁘거나 화가 나는 상태였더라도 필사를 진행할수록 안정을 찾게 되는데, 실제로 필사를 하며 마음의 평안을 얻는다는 경험담을 자주 듣게 됩니다.

이러한 이유들로 아이들에게 글쓰기 노트뿐 아니라 필사 노트를 따로 만들어줘서 필사하는 습관을 갖도록 하는 것이 좋습니다. 물론 아이들에게 일방적으로 지시하면 반발하는 마음이 들 수 있습니다. 그럴 때엔 글쓰기 노트나 필사 노트를 부모님의 것도 만들어서 함께 실천하면 그 효과는 배가될 것입니다.

부모님이 평소 꾸준하게 글을 쓰고, 아이와 글을 읽고 공유하는 것은 정말로 가치 있는 일입니다. 상대방의 감정을 알 수 있고, 서로 발전하는 좋은 계기가 될 수 있으니까요. 또한 부모님들도 직접 써봐야 글쓰기를 어려워하는 아이들의 마음을 이해할 수 있어, 아이에게 지나친 강요나 지시를 하지 않게 됩니다.

글을 쓰는 것은 고도의 정신 활동이며 복합적인 능력을 필요로 하기 때문에 솔직히 어렵습니다. 우리는 이렇게 어려운 글쓰기를 학교에서 제대로 배운 적도 없습니다. 하지만 글쓰기는 앞으로 우리 아이들에게 꼭 필요하며 앞으로도 그 중요성이 커질 것입니다.

다른 모든 일들이 그렇지만 글쓰기에서도 자신감을 갖는 것이 중요합니다. 자신감을 갖기 위해서는 부족하고 힘들더라도 글쓰기 노트에 매일 써야 하며, 주변 사람들의 칭찬과 긍정적인 피드백이 필요합니다. 가장 좋은 방법은 바로 부모님과 함께 글을 쓰며 서로 응원해주는 것이겠지요.

☺ 해피이선생의 글쓰기 조언

## 상대를 이해하는 글쓰기 노트

간혹 학교에서 아이들 간에 다툼이나 싸움이 벌어지는 경우가 있습니다. 사소한 말싸움은 괜찮지만 몸싸움을 하거나 심한 장난을 치다가 약간의 폭력이 동반되기도 합니다. 그럴 때 대부분의 교사는 재판관의 역할을 담당합니다. 양쪽 아이의 이야기를 모두 듣고, 최대한 공정하고 객관적으로 판결을 내려야 합니다. 이때 학급 모든 아이들의 시선도 이 판결에 고정됩니다.

저는 학교에서 아이들 사이에서 싸움이 벌어지면 글쓰기 노트에 각자 어떤 일이 벌어졌는지를 자세하게 쓰게 합니다. 육하원칙에 입각하여 누가who, 언제when, 어디서where, 무엇을what, 어떻게how, 왜why 사건이 벌어졌는지 쓰는 것입니다. 그리고 싸움의 당사자 간에 서로 바꿔서 읽어보게 합니다. 분명 어떤 아이는 일부 내용을 빼먹은 경우가 있고, 또 사소한 부분을 과장해서 쓴 경우도 있습니다.

그 후에 육하원칙에 입각하여 다시 쓰도록 시킵니다. 그 글을 상대방과 교환해서 읽어보게 합니다. 그런 과정을 세 번 정도 반복하다 보면 결국 "미안하다"는 말이 나옵니다. 친구와의 갈등 상황에 대해 자세히 글을 쓰다 보면 차츰 흥분이 가라앉게 되고 시간이 흘러 화가 풀리는 것입니다. 처음에는 전적으로 친구가 잘못했다며 본인의 억울함을 토로하는 경우가 많지만 상대방의 글을 바꿔서 읽게 되니 상대방의 입장이 이해되어 결국 미안하다는 사과를 전하곤 합니다.

# 4 아침을 여는 '두 줄 쓰기'

## 두 줄 쓰기의 효과

어떻게 하면 아이들이 글쓰기를 힘들어하지 않을까? 어떤 방법을 써야 아이들이 자연스럽게 글을 쓸 수 있을까? 늘 저의 고민거리였습니다. 가장 좋은 방법은 앞서 이야기한 것처럼 하루 한 줄이라도 매일 쓰도록 유도하여 이를 습관으로 만드는 것입니다.

그래서 저는 학교에서 매일 아침 '두 줄 쓰기'를 실시하고 있습니다. 먼저 아이들에게 새학기가 시작되면 모두 '두 줄 쓰기 노트'를 준비하도록 합니다. 매일 아이들이 등교하면 가장 먼저 본인의 두 줄 쓰기 노트를 펼쳐 어제 있었던 일을 한 줄 쓰고, 그것에 대한 본인의 생각이나 느낌을 다시 한 줄 쓰게 합니다. 커다란 바구니에 항상 아이들의 두 줄 쓰기 노트를 모아두고, 등교하는 순서대로 본인의 노트를 가져가서 글을 쓰는 것입니다.

하루 두 줄 쓰기를 하면서 아이들은 스스로 자신의 생각을 정리하기 시작합니다. 의외로 요즘 아이들은 생각하는 것을 싫어하고 생각하는 시간도 적습니다. 두 줄 쓰기를 통해 어제 나의 생활을 되돌아보며, 어떤 일이 중요했고, 무슨 일이 있었는지를 다시금 상기해보는 시간을 갖습니다. 어제 나의 감정을 반추해보는 의의도 있습니다. 생각을 정리하면서 스스로 답을 얻게 되고, 오늘이라는 새로운 하루를 계획하며 각오를 다지게 합니다.

물론 처음에는 아이들이 두 줄 쓰기조차 낯설어합니다. 단 두 줄을 쓰는 것도 제대로 하지 못하는 아이들, 매일매일 그 두 줄의 내용이 비슷한 아이들도 있습니다. 저는 그것을 비판하거나 지적하지 않고, 매일 아이들이 쓴 글을 읽어보며 아이들을 이해하는 수단으로 참고합니다. 그리고 가끔 본인의 동의를 얻은 후 함께 생각해보면 좋을 만한 글을 공개적으로 읽어주며 생각을 공유하기도 합니다.

매일 아침 두 줄 쓰기를 하면 아이들이 글 쓰는 것을 낯설게 느끼거나 힘들어하지 않습니다. 게다가 본인의 생각이나 감정을 글로 표현하는 행위를 자연스레 받아들입니다. 아이들에게 있어 글쓰기에 가장 좋은 참고자료는 다름 아닌 또래들의 글입니다. 다른 친구들이 어제 어떤 일을 경험하고 무슨 생각을 했는지, 이를 어떻게 표현했는지 듣게 되면 새로운 자극을 받아 조금씩 글쓰기 능력이 신장되는 효과를 보게 됩니다.

학기초 3월부터 5월까지 3개월은 매일 아침 두 줄 쓰기를 실시하고, 6월부터는 다소 방법에 변화를 줍니다. 두 줄 쓰기가 아니라 '두 줄 이상 쓰기'로 말입니다. 어떤 아이들은 쓸 내용이 많아 무조건 한 줄로 표현하는 것이 오히려 고역일 수도 있습니다. 그런 아이들에게 자신이 경험한 일과 그에 대한 생각 및 느낌을 단 한 줄로 쓸 수는 없는 노릇이지요.

앞서 3개월간 실행한 두 줄 쓰기는 이를 습관화하여 일단 글쓰기가 결코 어려운 일이 아님을 아이들에게 인식하게 만들려는 의도가 컸습니다. 그리고 6월부터는 두 줄 이상 쓰기로 변형해서 쓸 내용이 많은 아이들은 제한된 분량 없이 자율적으로 충분히 쓸 수 있도록 했습니다.

저희 반 아이들 열 명이 실제로 쓴 두 줄 쓰기의 내용 일부입니다.

**정○○**

3.8.월 : 오늘 놀이터에서 잡기 놀이를 했다. /
잡힐까봐 너무 조마조마했다.

4.23.금 : 엄마가 만들어준 피자를 먹었다. /

맛있었는데 참치가 있어서 안 어울렸다.

6.3.목 : 비가 엄청 많이 왔다. /
나도 비처럼 우울했다. 지연이랑 친해서 다른 친구들이 인사를 안 받아줘서 속상했다.

두 줄 쓰기를 시행한 초반에는 아이들이 이런 활동 자체가 낯설어서 대부분 짧게 썼습니다. 하지만 점차 시간이 지날수록 감정 표현도 구체적으로 이야기하는 등 조금씩 발전하는 모습을 보입니다.

**김○○**

3.9.화 : 어제 동생과 책갈피 만들기를 하려고 준비했는데 시간이 안 돼서 못했다. / 아쉬웠다.

6.23.수 : 어제 〈마석관〉이라는 책을 읽었다. 전에는 〈전천당〉이라는 책을 읽었는데 책을 쓴 작가가 같은 사람이었다. / 나도 커서 이 작가처럼 글을 잘 쓰는 작가가 되고 싶다는 생각이 들었다.

7.12.월 : 어제 동생과 아빠랑 줄넘기를 했다. /
너무 많이 했는지 다리가 풀리고 땀도 많이 났다.
다음부터는 무리하지 말고 할 수 있는 만큼만 해야겠다는 생각이 들었다.

두 줄 쓰기를 하는 이유는 물론 아이들의 글쓰기 습관을 길러주기 위해서입니다. 하지만 그에 못지않은 효과는 아이들의 마음을 읽을 수 있다는 점입니다. 아이들이 어떤 일을 겪었고 무슨 고민을 하는지, 요즘 어떤 생각을 하는지 등 글을 통해 파악할 수 있습니다.

류○○

3.8.월 : "어제가 엄마 생신이여서 내가 직접 케이크를 만들어봤다. / 케이크를 만들 때 팔이 빠지는 줄 알았다.

7.7.금 : 어젯밤, 나는 받아쓰기 공부를 했는데 40개 중 7개나 틀렸다. / 40개 중 7개나 틀렸다면 20개 중 3-4개는 틀릴 것 같다. 이번 100점은 물 건너간 것 같다.

7.14.수 : 어제 학교에서 '내가 교사라면'이라는 수업을 했다. / 나는 이 '내가 교사라면' 수업을 하면서 교사가 힘들다는 것을 온몸으로, 진심으로 느꼈다.

코로나 상황에서 교사와 아이들의 개별적인 대화가 많이 줄어들었습니다. 하지만 두 줄 쓰기를 통해 아이의 생각을 알고, 그것을 주제로 가볍게 이야기를 나눌 수 있는 점도 커다란 장점 중 하나입니다.

이○○

3.11.목 : 수학 문제를 풀었는데 끝까지 다 못 풀었다. / 아쉽다. 다 풀 수 있었는데…

4.15.목 : 언니랑 같이 가위바위보를 했는데 내가 이겼는데 언니가 이겼다고 해서 내가 언니를 때렸다. / 언니가 엄마한테 이르면 혼날까봐 걱정이다.

6.1.화 : 아빠가 내가 예전에 만든 수영장 레고를 부숴버렸다. / 아빠가 화가 나서 레고를 부신 건지 장난으로 한 건지 잘 모르겠다. 아빠가 레고를 부신 게 제일 궁금하다. 아빠한테 무작정 화를 내서 미안하다.

두 줄 쓰기에는 부모님과 가족에 대한 아이의 생각이 그대로 드러납니다. 그 이유는 바로 어제 있었던 일과 그에 대한 생각이나 느낌을 쓰기 때문입니다. 교사는 아이의 글을 통해 가정생활을 예측할 수 있고, 혹시 문제가 있다고 느낄 경우 부모님과의 상담으로 그 상황을 공유하며 어떤 해결책이 있을까 의논해봅니다.

손○○

3.11.목 : 어제 영어 시험공부를 했다. 시험을 봤는데 15점. / 내가 그렇게 돌머리인가? 어떻게 15점을 맞지?

내가 그렇게 부족한가?

5.20.화 : 어제 영어 단어시험 연습을 했다. /
게임도, 나가서 놀지도 못하니 어항 속 금붕어 같다.

6.1.화 : 어제 자전거를 타다 넘어져서 흉터가 생겼다. /
엄마가 잘한다고 생각하면서 타면 넘어질 확률이
높다더니 진짜였네. 아프다.

아이마다 감정을 표현하는 방식이 전부 다릅니다. 구체적이고 풍부한 감정 표현을 하는 아이가 있고, 아주 간단하게 매번 비슷한 방식으로 표현하는 아이들도 있습니다. 위의 아이처럼 제법 색다르게 감정 표현을 하는 경우는 다른 아이들에게 읽어주며 함께 공유해보는 것도 좋은 방법입니다.

홍○○

3.8.월 : 어제 학교에서 급식을 먹고 올라오는데 계단에서 넘
어졌다. / 아팠다. 다음에는 넘어지지 않게 조심
해야겠다.

4.13.화 : 학교 끝나고 비가 엄청 많이 오는데 집에 혼자 걸어
갔다. / 다른 이모들은 차로 데리러 왔는데 엄마는 동
생 때문에 집에 있어서 속상했다.

7.13.화 : 어제 교과 골든벨을 본다고 해서 집에 있는 사회, 과

학 문제를 풀었다. 사회는 많이 안 틀리고, 과학도 많이 안 틀렸다. / 공부를 했는데도 걱정된다.

두 줄 쓰기는 아이들 자신에게도 많은 도움이 됩니다. 본인이 어제 어떤 일이 있었고, 그때 무슨 감정을 느꼈는지를 돌아보며 깊이 생각할 수 있는 기회입니다. 짧지만 이러한 경험과 습관은 아이들에게 많은 도움이 될 것입니다.

**이○○**

3.11. 목 : 어제 짜장면을 먹으러 갔는데 동생이 이상한 행동을 했다. / 거기에 모르는 사람이 있어서 내가 다 창피했다.

5.31. 월 : 오늘 줄넘기 평가를 하는 날이다. 3월에는 372개, 4월에는 100개 이상 했으니까 오늘은 400개를 넘고 싶다. / 줄넘기 평가가 기대된다.

6.22. 화 : 어제 학원 끝나고 놀고 있는 동생들을 데려왔다. / 말을 안 들어서 때리고 싶었지만 참았다.

두 줄 쓰기를 하면 아이들의 표현력이 살아납니다. 주변 사물과 상황에 대해 평소보다 자세히 관찰하게 되니 감각도 살아나고 표현력도 풍부해집니다.

**김○○**

3.19.금 : 치킨을 사먹었다. /
처음 먹어보는 치킨이었는데 달콤짭짤한 게 내 맘에 쏙 들었다.

4.12.월 : 오랜만에 등산을 했다. /
거의 1년 만에 등산하는 것이라 그런지 거의 10번을 쉬고, 3번을 넘어지니 '나는 등산 체질이 아니구나'라는 생각이 들었다.

6.7.월 : 5시간 동안 동생과 함께 집에 있었다. /
그렇게 오랫동안 집에 엄마 없이 있었던 날이 없어 무서울 줄 알았는데 안 무서워서 다행이었다.

만약 두 줄 쓰기를 어려워하는 아이들에게는 어제 있었던 일에 대해 떠올려보길 권합니다. 아침에 일어나서 밤에 잠을 잘 때까지 본인에게 기억나는 일을 선택해서 쓰도록 합니다. 아이들에게 무작정 글을 쓰라고 하면 막막해하고 어려워합니다. 쓸거리를 만들어줘야 하며, 글 쓰는 것을 생활화해야 합니다.

**이○○**

3.19.금 : 받아쓰기를 공부했는데 약간 헷갈리기도 하고, 조금 멘붕이 오기도 했다. /
3학년 때 받아쓰기를 잘했으니까 올해에도 받아쓰기를 잘할 수 있을 것이라고 나를 믿는다.

6.25.금 : 갑자기 밖에서 "끼이익~ 쾅" 소리가 나서 봤더니 대형사고가 나 있었다. 그때 내가 볼 때 2명의 사람이 충격으로 기절했나 보다. /
소방관을 보니 나도 소방관이 되고 싶다는 생각이 났다. 소방관은 거의 영웅급이다.

6.29.화 : 학교에서 비가 오나 싶었더니 '여우비'가 오기 시작했다. / 여우비가 왜 여우비인지 궁금하다.

이 아이의 두 줄 쓰기를 읽고 교통안전의 중요성에 대해 이야기를 나눴으며, '여우비'와 '소나기'의 차이점을 찾아서 아이들과 함께 공유했습니다.

**김○○**

3.11.목 : 어제 학원 끝나고 산에 갔는데 밧줄을 타다가 굴러서 죽을 뻔했다. /

산에서 죽을 뻔해서 아찔했다. 많이 안 다쳐서
다행이다.

3.19.금 : 어제 영어 시험을 봤는데 점수가 그닥 좋지 않았다. /
영어 시험을 못 봐서 속상했는데 엄마가 혼내서 더
속상했다.

7.7.수 : 어제 학원이 끝나고 집에 갔는데 김치찜이 있었다.
그래서 맛있게 먹고 엄마랑 잠을 잤다. /
먹고 자니까 내가 돼지가 되는 느낌이었다.

제가 맡고 있는 반 아이들은 올해 두 줄 쓰기를 처음 접했습니다. 작년에는 하지 않은 낯선 활동을 하니 초반에는 반발하며 싫어하는 아이들이 많았습니다. 아침에 학교에 와서 편하게 책을 보거나 친구들과 이야기 나누고 노는 것이 좋으니까요. 그래서 "아침에 등교하면 무조건 두 줄 쓰기부터"를 반의 규칙으로 정했습니다. 두 줄 쓰기를 실행하는 이유에 대해서도 수시로 반복하며 강조했습니다. 그랬더니 한 달이 지난 4월부터는 아이들이 스스로 알아서 두 줄 쓰기를 하기 시작했습니다.

개구쟁이 같아도 아이들은 의외로 순수해서 교사의 지도를 잘 따릅니다. 초반에는 습관으로 자리 잡아야 하므로 그 과정에 어려움이 있을 수 있지만, 이를 꾸준히 실천하면 누구나 충분히 적응할 수 있습니다.

**3월 초의 두 줄 쓰기**

2021.3.8.월요일
어제 동생과 열심히 컬러링 북을 색칠 했다.
색칠을 다하니 뿌듯했다.

2021.3.9.화요일
어제 동생과 책갈피 만들기를 하려고 준비했는데 시간이 안되서 못했다
아쉬웠다.

2021.3.11.목요일
어제 동생과 책갈피를 만들었다.
함께 만드니 더 재미있었다.

**7월 중순의 두 줄 이상 쓰기**

7.12
어제 동생과 아빠랑 줄넘기를 했다.
너무 많이 했는지 다리가 풀리고 땀도 많이 났다.
다음부터는 무리하지 말고 할 수 있는 만큼만 해야 겠다는 생각이 들었다.

7.13.
어제 말하는 까만돌을 끝까지 읽었다.
과연 이번에 3등 이라도 할수 있을지 모르겠다.

7.14.
어제 독서 골든벨과 교과 골든벨을 했다.
독서 골든벨에서는 1등을 했는데 교과 골든벨은 상품을 받지 못해서 아쉬웠다.

3월 초에는 사건 위주로 글을 쓰던 아이들이
7월 중순에는 생각이나 느낌을 구체적으로 쓰기 시작했다.

☺ 해피이선생의 글쓰기 조언

## 가정에서 하는 두 줄 쓰기

두 줄 쓰기는 학교뿐만 아니라 가정에서도 활용하면 효과가 있습니다.

먼저 아이에게 두 줄 쓰기 노트를 만들어줍니다. 하교 후 집에 돌아오면 학교에서 있었던 일 중 기억에 남는 일을 한 줄 쓰고, 그에 대한 생각이나 느낌을 한 줄 쓰게 합니다. 이때 두 줄 쓰기 노트는 함께 문방구에 가서 아이가 마음에 들어 하는 것으로 사주세요. 이때 글줄이 너무 많으면 글씨도 작게 써야 하고, 지겨울 수 있으니 초등 3~4학년이 쓰는 21줄 노트가 적당합니다.

제가 실시하는 방식으로 초반 적응 기간 한 달 정도는 두 줄 쓰기로 하고, 그 이후 아이의 적응 상태를 봐서 두 줄 이상 쓰기로 전환합니다.

가정에서 두 줄 쓰기를 실천하면 아이의 글쓰기 능력 신장은 물론이거니와 아이의 학교생활도 자연스레 파악할 수 있습니다. 하교하고 집에 돌아온 아이에게 오늘 학교에서 무슨 일이 있었는지, 친구들과 다툼은 없었는지, 선생님 말씀은 잘 들었는지, 수업은 집중해서 들었는지 등 꼬치꼬치 캐묻지 않아도 됩니다. 두 줄 쓰기 노트에 아이가 써놓은 것을 보고, 문제가 있다면 함께 풀어나가고 공감해주면 됩니다.

"학교 숙제 같아요", "학교의 연장선 같아요" 하며 반발하고 싫어하는 아이도 있을 것입니다. 그럴 때에는 부모님이 두 줄 쓰기의 목적과 의도를 충분히 설명해줘야 합니다.

두 줄 쓰기를 할 때 부모님이 주의해야 할 것이 있습니다. 이 활동의 목적은 아이들이 글쓰기를 어렵지 않게 느끼며 이를 습관으로 만드는 것입니다.

어떤 부모님은 아이가 써놓은 글을 읽다가 띄어쓰기나 맞춤법이 틀린 부분을 발견하면 빨간펜을 들고 고치시기도 합니다. 아이의 글이 부족하고 틀린 부분이 보여도 그냥 넘어가주세요. 부모님이 자신의 글을 읽고 지적하고 수정하면 아이는 글쓰기를 두려워하게 됩니다.

두 줄 쓰기의 목적을 절대 잊지 마세요. 아이의 글쓰기를 습관화하기, 나아가 아이에게 글쓰기 자신감을 주기 위함이라는 사실을 말입니다.

부모님이 두 줄 쓰기를 함께 하시면 더욱 효과적입니다. 아이가 학교에 간 사이에 무슨 일이 있었는지 가장 기억에 남는 일을 한 줄 쓰고, 그것에 대한 생각이나 느낌을 한 줄 쓰시면 됩니다. 직장에서 있었던 일을 써도 좋고요. 아이에게 일방적으로 지시하고 강요하기보다는 부모님이 솔선수범해 함께해준다면 아이도 즐겁게 실천할 것입니다.

새해 첫날 혹은 새 학기 첫날에 시작할 필요 없이 이 글을 읽는 바로 오늘 아이와 함께 두 줄 쓰기에 도전해보세요.

# 5 글이 어렵다면 말부터 해보세요

## 글쓰기에 쉽게 접근하는 방법

글쓰기를 어려워하는 아이들에게는 일단 말로 표현해볼 것을 권합니다. 말이 곧 글입니다. 말하듯이 쓰고, 글 쓰듯이 말하면 됩니다.

대부분 글을 쓰라고 하면 망설이기만 할 뿐 제대로 시작을 못합니다. 하지만 어떤 주제에 대해 말해보라고 하면 누구나 곧잘 말합니다. 말하는 것은 익숙하고 어렵지 않은데 똑같은 주제에 대해 글을 써보라고 하면 낯설고 어색해집니다.

그래서 글을 쓰기 전 먼저 자신에게 직접 말로 해보라고 주문한 뒤, 그것을 잘 조합하여 글로 표현하면 된다고 알려줍니다.

특히 자신의 기분을 한 문장으로 표현하는 연습을 하면 많은 도움이 됩니다. 자신의 마음과 감정 상태를 구체적이고 정확하게 표현하는 것은 대인관계 및 아이들의 성장과 발달에도 중요한 작용을 합니다.

실제로 대부분의 아이들은 감정을 단순하게 표현하는 데 그칩니다. 아이들의 두 줄 쓰기 노트나 일기장을 보면 예나 지금이나 "참 재밌었다", "참 좋았다", "참 즐거웠다" 등이 마지막 문장인 경우가 많습니다. 감정은 무척이나 다양하게 표현할 수 있다는 걸 아이들에게 알려주고, 나 자신의 기분과 마음을 잘 들여다보고 그에 맞는 표현을 사용할 줄 알도록 도와줘야 합니다.

초등학교 현장에서 많이 활용하는 방법은 '공감대화카드'를 사용하는 것입니다. 초등 상담나무연구회에서 만들고, 인싸이트(주)에서 펴낸 교육 도구입니다. 여기에는 모두 67가지의 감정 단어가 실려 있습니다.

| 분류 | 감정 단어 | 계 |
|---|---|---|
| 기쁨 | 감동하다, 고맙다, 기대되다, 기쁘다, 만족스럽다, 뿌듯하다, 사랑스럽다, 설레다, 신나다, 안심되다, 자랑스럽다, 자신만만하다, 즐겁다, 편안하다, 행복하다, 흥분되다, 힘나다 | 17 |
| 두려움 | 걱정되다, 긴장되다, 놀라다, 당황스럽다, 두근거리다, 두렵다, 망설여지다, 무섭다, 불안하다, 어색하다, 조마조마하다, 혼란스럽다, 황당하다 | 13 |

| | | |
|---|---|---|
| 불쾌, 혐오 | 곤란하다, 괴롭다, 귀찮다, 답답하다, 밉다, 부끄럽다, 부담스럽다, 부럽다, 불편하다, 싫다, 쑥스럽다, 얄밉다, 지겹다, 피곤하다, 힘들다 | 15 |
| 슬픔 | 마음 아프다, 막막하다, 미안하다, 비참하다, 서럽다, 섭섭하다, 속상하다, 슬프다, 실망하다, 심심하다, 쓸쓸하다, 아쉽다, 안타깝다, 외롭다, 우울하다, 허전하다, 후회스럽다 | 17 |
| 분노 | 분하다, 억울하다, 원망스럽다, 짜증나다, 화나다 | 5 |

대부분의 아이들은 자신의 감정을 단순하게 '기쁘다, 슬프다, 두렵다' 등으로 표현합니다. 공감대화카드의 감정 단어를 활용하여 아이들에게 어떻게 기쁜지, 얼마나 슬픈지, 무엇이 두려운지 등을 구체적으로 표현하도록 알려줍니다. 이렇게 나의 기분을 한 문장으로 표현하다 보면 본인의 감정 상태를 자세히 알 수 있고, 결국에는 본인의 감정을 잘 조절하며 마음의 평안을 유지하는 데에도 도움이 됩니다.

초등상담나무연구회 저, 학지사 심리검사연구소(인싸이트)

# 6 글쓰기 표현력 높이기

## 표현력을 높이는 네 가지 방법

아이들이 글을 쓸 때 표현력을 높이는 방법에는 크게 네 가지가 있습니다.

첫째, '자세하게 쓰기'입니다.

글을 쓸 때에는 기본적으로 자세하게 써야 합니다. 그래야 글을 쓰는 본인이 쉽게 쓸 수 있고, 글을 읽는 상대방도 이해하기 용이합니다. 하지만 많은 아이들은 쉽고 단순한 주제라도 자세하게 쓰지 않습니다.

학교에서 글쓰기 수업을 하면 아이들이 가장 많이 하는 질문이 있습니다.

"선생님, 몇 줄 써요?", "선생님, 더 이상 쓸 게 없어요."

글쓰기를 어려워하는 아이들은 특히 자세히 쓰는 것을 힘겨워합니다. 글을 쓰면 간단하게 대충 쓰거나 두루뭉술하게 쓰는 일이 많습니다. 그래서 아이들의 표현력을 높이기 위해서는 가장 먼저 자세하게 써야 한다는 점을 알려줘야 합니다. 아래의 글은 어류에 대하여 자세하게 쓴 글입니다. 아래의 글만 읽어보아도 어류가 척추동물이며, 비늘의 특징이나 역할 등을 쉽게 이해할 수 있습니다.

어류는 아가미가 있는 척추동물입니다. 어류는 물속 환경에 적응한 다양한 기관이 발달했습니다.

어류의 피부는 대부분 비늘로 덮여 있습니다. 비늘은 어류 몸을 보호합니다. 비늘은 짠 바닷물이 몸속으로 들어오지 못하게 막아줍니다. 또 저마다 비늘 무늬가 달라 몸을 쉽게 숨길 수 있게 합니다.

어류는 아가미로 물속에 녹아 있는 산소를 흡수합니다. 입으로 물을 삼키고 아가미로 다시 내뱉는 과정에서 산소를 얻습니다.

둘째, '구체적인 예시 쓰기'입니다.

글을 쓸 때에는 구체적인 예시를 드는 게 좋습니다. 그래야 글을 읽는 사람이 쉽게 이해할 수 있습니다. 막무가내로 주장만 하면 아무래도 설득력은 떨어지게 되지요. 물론 아이들의 경우 배경지식이 부족하기 때문에 풍부한 예시를 사용하는 게 어려울 수 있습니다. 하지만 아이들의 수준과 눈높이에 맞는 예시는 얼마든지 있습니다.

구체적인 예시는 글에 생명력을 불어넣어주고, 글을 좀 더 풍성하게 만들어줍니다. 아래의 스포츠 리그전에 대해 다른 아이들도 같은 주제의 글을 썼습니다. 하지만 많은 아이들은 "3반과의 스포츠 리그전에서 이겨서 좋았다", "3반과의 피구 시합에서 남자는 지고, 여자는 이겨서 결국 우리 반이 이겼다" 등으로 기술했습니다. 하지만 아래의 글처럼 구체적인 예시를 들어 서술하면 읽는 사람이 당시 상황을 머릿속으로 상상할 수 있어 이해하는 데 큰 도움이 됩니다.

오늘은 3반이랑 스포츠 리그전을 하는 날이다. 근데 3반이 4학년에서 2번째로 잘하는 반이라서 오늘 아침 감정툰을 "떨린다"에 붙였다. 드디어 3교시가 됐다. 3반과 피구 경기를 하기 전에 몸풀기를 했다. 그때는 너무 긴장을 했다. 근데 막상 3반과 피구 경기를 해보니 별거 아니었다.

여자 경기가 끝나고 남자 경기를 하는 도중에 3반의 유림이란 애가 울었다. 그때는 우리반 여자애들이 모여서 응원을 하고 있을 때라서 잘 몰랐는데 갑자기 지연이가 와서 유림이가 운다고 했다. 나는 응원에 열중을 해서 거의 듣지 못했지만 피구가 끝나고 지희가 알려주었다.

남자 애들이 경기를 하는데 우리팀 남자 애들이 1명밖에 남지 않아서 긴장을 했다. 그런데 1명까지 죽어버렸다. 당연히 우리는 무승부인 줄 알고 약간 실망했는데 무승부가 아니라 우리반이 이긴 거였다. 왜냐하면 여자가 경기를 할 때 우리팀은 7명이 남고 3반은 3명쯤 남았었다. 그리고 남자는 우리팀이 0명이고, 3반은 3명쯤 남아 있었다. 그래서 7대6으로 우리반이 이겼다.

반에 가자 손이 따끔따끔했다. 그래도 조금밖에 안 아팠다. 우리반이 이겨서 좋았고, 다른 반한테 자랑할 수 있어서 더 좋았다. 오늘은 긴장감이 계속 되는 신나는 하루였다.

셋째, '적절한 관용 표현 쓰기'입니다.

관용 표현이란 둘 이상의 낱말이 합쳐져 그 낱말의 원래 뜻과는 다른 새로운 뜻으로 굳어져 쓰이는 표현을 말합니다. 관용 표현에는 관용어와 속담 따위가 있습니다.

적절한 관용 표현을 쓰는 것이 저학년 아이들에게는 다소 어려울 수 있습니다. 그러나 이를 통해 글이 더 멋지게 거듭나기도 하고, 본인이 전하고픈 말을 더 쉽게 표현할 수단이 되기도 합니다. 게다가 재미난 관용 표현을 쓰면 읽는 이들이 더욱 집중하게 되고, 글쓴이가 하고자 하는 말을 쉽게 이해하게 됩니다.

다만, 관용 표현을 활용하는 것이 항상 효과적인 것은 아니므로 이것을 쓰는 목적이나 상황을 고려해 관용 표현을 활용할지의 여부를 잘 구별해야 합니다. 또한 일상생활 속에서 학생들이 자신도 모르게 사용하는 관용 표현이 많이 있으므로 이 점을 부각하여 친숙한 관용 표현을 찾아내도록 격려할 필요도 있습니다.

> 우리반 친구들이 고운 말을 사용하면 좋겠습니다. 친구에게 나쁜 말을 했다가 자신도 나쁜 말을 들은 경험, 반대로 친구를 칭찬하고 자신도 칭찬을 들은 경험이 있을 것입니다. 가는 말이 고와야 오는 말이 곱습니다.

> 저는 어릴 적부터 겁이 없고 새로운 활동을 좋아해 간이 크다는 말을 많이 들었습니다. 제 씩씩한 성격과 꾀꼬리처럼 노래를 잘 하는 특기를 살려 사람들에게 노래로 감동을 주고 싶습니다. 낙숫물이 댓돌을 뚫는 것처럼 꾸준하게 노력하다 보면 결국 멋진 가수가 될 수 있을 것입니다.

만약 위의 글에서 밑줄 친 관용 표현이 없다면 다소 부족하고, 건조한 느낌의 글이 됩니다. 하지만 적절한 관용 표현을 사용하면 글이 훨씬 풍성해지고, 멋스럽게 거듭날 수 있습니다.

넷째, '문장의 호응 관계를 생각하며 쓰기'입니다.

문장에서 앞에 나오는 말과 뒤따라오는 말이 제대로 짝이 지어지는 것을 '호응'이라고 합니다. 호응이 되지 않으면 문장이 어색해지거나, 전달하려는 뜻이 잘못 전해질 수도 있습니다. 즉, 문장 성분인 주어와 서술어의 호응 관계가 바르게 되어야 올바른 문장이 완성됩니다.

아이들이 문장의 호응 관계를 제대로 알고 사용하기 위해서는 평소 꾸준한 독서를 통해 바른 문장을 많이 접해보고 이를 익숙하게 여겨야 합니다. 또한 본인이 쓴 글을 반복해서 읽어보며 어색하거나 잘못된 표현은 없는지 확인하고 검토할 필요가 있습니다.

### ◦ 문장에 쓰인 호응 관계의 종류

| 예문 | | 호응 관계 |
|---|---|---|
| 어제 친구와 박물관에 갔다.<br>내일 도서관에 갈거야.<br>나는 어제 재미있는 동화책을 읽었다. | ➡ | 시간을 나타내는 말과 서술어의 호응 |
| 아버지께서 청소를 하신다.<br>할머니께서 맛있는 떡을 주셨다.<br>어머니께 선물을 드렸다. | ➡ | 높임의 대상을 나타내는 말과 서술어의 호응 |
| 물고기가 낚싯줄에 걸렸다.<br>동생이 누나에게 업혔다.<br>도둑이 경찰에게 잡혔다. | ➡ | 동작을 당하는 주어와 서술어의 호응 |

- **호응 관계가 어색한 문장을 바르게 고치기**

① 숲속에서 다람쥐와 새가 지저귑니다.

→ 숲속에서 다람쥐가 뛰어 놀고, 새가 지저귑니다.

② 나는 동생보다 키와 몸무게가 더 무겁다.

→ 나는 동생보다 키가 더 크고, 몸무게가 더 무겁다.

③ 어젯밤에 비와 바람이 세차게 불었습니다.

→ 어젯밤에 비가 세차게 내리고, 바람이 세차게 불었습니다.

④ 하늘에 구름과 별이 반짝입니다.

→ 하늘에 구름이 떠 있고, 별이 반짝입니다.

# 7 매뉴얼 속에서 자유롭게 쓰기

## 글쓰기의 단계와 과정

초등학교 국어 교과서에서는 글쓰기의 과정을 크게 두 가지 방법으로 소개하고 있습니다.

첫 번째 방법은 '쓸 내용 떠올리기', '떠올린 내용 조직하기', '자신의 생각을 글로 나타내기'의 단계입니다. 두 번째 방법은 '계획하기', '내용 생성하기', '내용 조직하기', '표현하기', '고쳐 쓰기'입니다.

사실 두 가지 방법이 전혀 다르거나 새로운 것은 아닙니다. 첫 번째 방법을 좀 더 자세하게 나눠놓은 것이 두 번째 방법입니다. 그래서 저는 이 책에서 첫 번째 방법인 '쓸 내용 떠올리기', '떠올린 내용 조직하기', '자신의 생각을 글로 나타내기'를 자세히 소개하고, 두 번째 방법은 간략하게 언급하겠습니다. '쓸 내용 떠올리기→떠올린 내용 조직하기→자신의 생각을 글로 나타내기'의 순서는 초등학교 5학년 1학기 국어 교과서 4단원에 그대로 나오는 내용입니다. 4단원의 제목은 '글쓰기의 과정'입니다. 다음은 단원 개관의 일부 내용입니다.

> 이 단원은 글 쓰는 과정을 알고 자신의 생각을 바른 문장으로 표현하는 것이 목적이다. 학생들은 가상 필자가 주제에 맞게 쓸 내용을 떠올리고 자신의 생각을 정리해 한 편의 글로 표현하는 일련의 과정을 관찰하게 된다. 특히 겪은 일을 내용으로 하여 생각을 정리하고 내용을 조직하는 과정을 익히는 데 초점을 두도록 한다.

글쓰기 과정의 첫 번째 단계는 '쓸 내용 떠올리기'입니다. 쓸 내용을 마련하려면 경험을 떠올리는 것이 우선입니다. 요즘 있었던 일을 중심으로 겪은 일을 자유롭게 떠올립니다. 힘들거나 즐거웠던 일 또는 신기했던 일과 같이 기분이나 감정을 중심으로 내용을 떠올리면 됩니다. 떠올린 내용은 관련 있는 일이나 생각을 한데 묶어서 나타낼 수 있습니다. 겪은 일과, 또 그와 관련된 생각을 가지를 치듯이 이어 나갈 수도 있습니다.

교과서에서는 민재가 글을 쓰는 상황을 예시로 설명합니다. 먼저 쓰기 목적과 대상을 정합니다. 민재는 학급 신문에 글을 실어야 할 상황에서 자신이 지난달에 겪었던 일을 소개해보려 합니다. 민재는 자신의 글을 읽어줄 사람을 고려한 뒤 글의 방향을 '친구들이 재미있어 할 내용'으로 잡았습니다.

다음으로 경험을 떠올립니다. 쓸 내용을 마련하기 위해 민재는 본인이 겪은 일을 떠올렸습니다. 구체적으로 쓰고 싶은 내용을 자유롭게 떠올렸고, 쓸 내용을 몇 가지로 나누어보았습니다. 그 후 '쓸 내용 떠올리기'에서는 겪은 일을 자유롭게 떠올리며, 짧은 시간 동안 떠오른 생각을 빠르고 간단하게 적었습니다.

### • 5학년 1학기 국어 교과서 4단원 '글쓰기의 과정'

1. 민재가 글을 쓰는 상황을 살펴봅시다.



(1) 민재가 어떤 상황에서 어떤 목적으로 글을 쓰나요?

(2) 민재가 읽을 사람을 고려해 세운 계획은 무엇인가요?

글을 쓰는 상황을 살펴볼 때에는 글을 쓰는 목적, 글을 읽을 사람, 글이 실릴 매체 따위를 생각해야 해요. 상황에 따라 주제도 달라질 수 있어요.

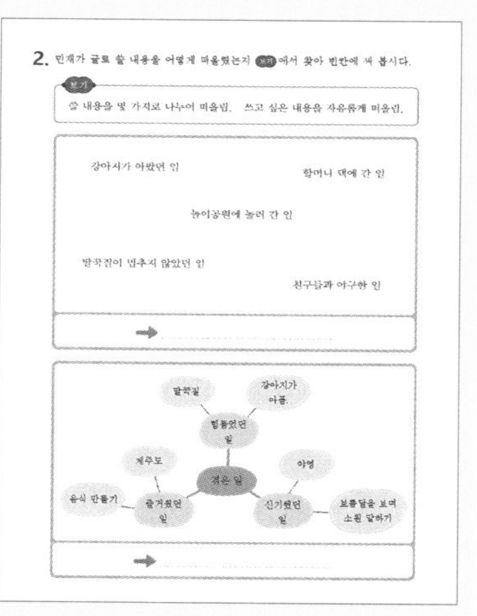

2. 민재가 글로 쓸 내용을 어떻게 떠올렸는지 보기 에서 찾아 빈칸에 써 봅시다.

보기

쓸 내용을 몇 가지로 나누어 떠올림. 쓰고 싶은 내용을 자유롭게 떠올림.



➡



➡

글쓰기의 두 번째 단계는 '떠올린 내용 조직하기'입니다. 아이들에게 '생각 조직하기'의 필요성을 깨닫게 하는 과정에서 조직이라는 개념을 사전적 정의로 전달하는 것은 지양해야 합니다. 그보다 씨실과 날실로 잘 짜인 베처럼 잘 조직한 글은 그 구성이 꽤나 단단합니다. 이를 비유적으로 이해할 수 있도록 해야 합니다. 잘 짜인 베는 튼튼하며 올이 쉽게 풀리지 않는 것처럼, 생각이 잘 조직된 글은 내용을 이해하기도 쉬우니 기억하기도 쉽다는 특징을 말하는 것입니다.

내용을 조직하는 방법에는 시간의 흐름과 장소 변화에 따라 일어난 일을 정리할 수 있습니다. 이러한 흐름에 맞추어 생각이나 느낌을 묶는 것을 '다발 짓기'라고 합니다. 글의 내용에 따라 다양한 다발 짓기를 할 수 있습니다.

일반적인 다발 짓기는 처음, 가운데, 끝으로 구별합니다. '비교와 대조에 유용한 다발 짓기'에는 대상의 공통점과 차이점을 구분하는 방법이 있고, '분류와 분석에 유용한 다발 짓기'에는 기준에 의거해서 나누는 방법이 있습니다.

글쓰기 과정의 마지막 단계는 '자신의 생각을 글로 나타내기'입니다. 지금까지 쓸 내용을 떠올리고 조직한 것을 바탕으로 하여 한 편의 글을 써보는 것입니다. '처음-가운데-끝'으로 조직한 내용을 들여쓰기로 구분해 문단을 나누어봅니다. 가족이나 친구와 나눈 대화는 큰따옴표 안에, 마음속으로 생각한 말은 작은따옴표 안에 넣어서 씁니다.

문장을 완성했으면 전체 문장의 호응 관계를 생각하며 틀린 곳을 고쳐야 하는데, 이때 글의 전체 흐름을 함께 점검하도록 합니다.

다음은 5학년 교과서에 제시된 글쓰기의 과정을 보여주는 예시입니다. 재미있었던 일을 떠올리고 조직한 후 한 편의 글을 완성했습니다.

**1단계 쓸 내용 떠올리기**

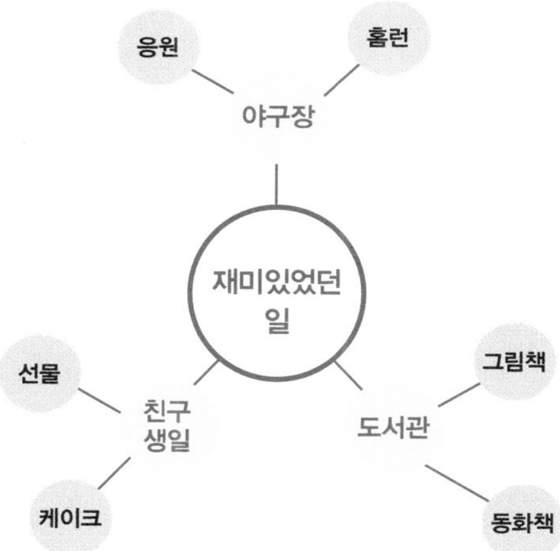

## 2단계 떠올린 내용 조직하기(다발짓기)

| 일어난 일 | | 생각이나 느낌 |
|---|---|---|
| 가족과 야구장에 감 | **처음** | 설레고 기대됨 |
| • 내가 좋아하는 선수가 홈런을 침<br>• 음료수와 간식을 먹으며 응원함 | **가운데** | • 마치 내가 이긴 것처럼 신남<br>• 응원 소리가 신났고, 간식이 더 맛있게 느껴짐 |
| 경기가 끝난 후 앉았던 자리의 쓰레기를 치우고 돌아옴 | **끝** | 내가 응원하는 편이 이겨서 기뻤고, 자리가 깨끗해져서 기분이 좋았음 |

## 3단계 자신의 생각을 글로 나타내기

**제목** 신나는 야구장

토요일에 가족과 야구장에 갔다. 야구장에 도착하니 입장하려고 사람들이 줄을 길게 서 있었다. 줄이 길어도 야구 경기를 본다는 생각에 설레고 기대되었다. 야구장에 들어가니 넓은 운동장의 초록색이 눈을 시원하게 해주었다.

경기가 시작되고 사람들의 응원 소리가 여기저기에서 들렸다. 내가 좋아하는 선수의 차례가 되었다. 조마조마해 하며 지켜보는데, 그 선수가 친 공이 높이 날아오르더니 담장을 넘어갔다. 홈런을 친 선수가 기뻐하며 달리는 사이에 모든 관중이 일어나 소리쳤다. 마치 내가 이긴 것처럼 신났다. 또 응원을 하면서 음료수와 간식도 먹었다. 경기장에서 먹는 간식은 더 맛있게 느껴졌다.

응원을 하는 소리가 너무 신나고 힘이 났다.
경기가 끝나고 우리는 앉았던 자리의 쓰레기를 깨끗이 치웠다.
경기에서 내가 응원하는 편이 이겨서 기뻤고, 우리가 앉았던 자리가 깨끗해져서 기분이 더 좋았다. 정말 신나고 멋진 야구 관람이었다.

두 번째 방법은 '계획하기', '내용 생성하기', '내용 조직하기', '표현하기', '고쳐 쓰기'입니다.

'계획하기'는 글 쓸 준비를 하는 단계입니다. 글을 쓰기 전 내 글을 읽을 사람이 선생님, 부모님, 친구들 중 누구인지 먼저 생각해봅니다. 그리고 어떤 종류의 글을 쓸지도 결정해야 합니다. 시나 동화보다는 내 경험을 잘 드러낼 수 있는 산문이 좋을지, 혹은 편지글 형식이 좋을지를 결정하는 것입니다.

'내용 생성하기'는 쓸 내용을 떠올리는 단계입니다. 내가 요즘 어떤 일을 겪었는지, 친구들은 어떤 내용을 쓰려고 하는지 함께 이야기해 보는 것도 좋습니다. 부모님도 읽을 수 있는 글이라면 가족과의 경험담을 써보면 어떨까 등등 생각을 정리해 나갑니다.

'내용 조직하기'는 쓸 내용을 나누는 단계입니다. 일이 진행되는 순서대로 글을 쓸지, 아니면 일이 생긴 까닭, 나의 느낌, 화해한 일 등 세 부분으로 나누어 쓸지를 결정하는 단계입니다. 또한 쓸 내용 가운데 비슷한 내용을 묶어볼지, 어떤 내용은 끝부분에 써야 내 생각이 더 잘 드러날 것인지 등을 고민해서 결정합니다.

'표현하기'는 직접 글을 쓰는 단계입니다. 어떤 제목을 지어야 읽는 사람이 관심을 보일 것인가를 결정하고, 대화 내용을 실감 나게 쓰면 읽는 사람이 더 흥미롭게 읽을 수 있다는 점도 생각하며 글을 씁니다. 글에 나오는 친구의 모습을 좀 더 재미있게 표현하기 위해 고민도 해 봅니다.

마지막은 '고쳐 쓰기'로 글을 고치는 단계입니다. 문장을 간결하고 정확하게 쓰려면 어떻게 고쳐야 할지, 읽는 사람이 이해하기 어려운 내용은 없는지, 문장 성분의 호응이 서로 맞지 않는 부분은 없는지 꼼꼼하게 다시 읽으며 살펴야 합니다.

이처럼 글쓰기의 과정은 크게 어떻게 쓸지 생각하고, 어떤 내용을 쓸지 정하며, 글 내용을 조직하고, 실제로 글을 쓰며, 고쳐 쓰는 단계로 이루어집니다.

아이들이 글을 쓸 때에는 첫 번째의 방법과 두 번째의 방법 중 본인이 편한 대로, 즉 마음에 드는 방법대로 쓰면 됩니다. 두 가지 글쓰기 과정의 방법을 모두 알고 있으면 자신이 쓰는 글의 특성에 따라 두 방법 중 적절하게 선택하여 글을 쓰면 되기에 더욱 효과적이겠지요.

# 8 아무리 강조해도 지나침이 없는 '퇴고'

### 글 고쳐 쓰기에 대해

글을 다 쓴 후에는 고쳐 쓰기를 해야 합니다. 하지만 아이들은 이 부분을 간과하고 지나치는 경우가 많습니다. 비단 글쓰기뿐 아니라 학교에서 단원평가를 볼 때에도 문제를 모두 푼 뒤 검토하는 경우가 거의 없습니다. 그냥 빨리 제출하기에 급급합니다. 시험지 끝에 적어도 세 번은 검토하라며 ♡♡♡를 그려두어도 그냥 지나치는 아이들이 있습니다.(검토할 때마다 ♡에 색칠하기)

내가 쓴 글을 고치기 위해서는 최소한의 띄어쓰기, 문법 공부는 필수입니다. 물론 각자의 수준과 역량에 맞춰 자기가 쓴 글을 다시 읽어 보고 바르게 고칠 수 있어야 합니다.

6학년 2학기 국어 교과서 7단원은 '글 고쳐 쓰기'입니다. 다음은 교사용 지도서의 단원 개관 내용 중 일부입니다.

> 이 단원은 자신이 쓴 글을 내용과 표현 면에서 돌아보고 고쳐 쓰는 습관을 길러 쓰기 능력을 향상하는 것이 목적이다. 자신이 쓴 글을 다시 읽고 고쳐 쓰는 데에는 점검 기준과 고쳐 쓰는 방법과 관련한 지식, 판단 능력 등이 필요하다. 특히 한번 쓴 글을 여러 번 다시 보는 인내심이 있어야 하고, 읽는 사람의 관점에서 자신이 쓴 글을 되돌아볼 수 있어야 한다. 이처럼 고쳐 쓰기를 하는 데에는 종합적 사고력과 판단력이 요구되기에 학생들에게 올바른 판단 기준과 문법 지식, 글을 고쳐 쓰는 습관 등을 길러주는 것이 중요하다.

사실 고쳐 쓰기는 초등학생들에게 낯선 일이며 어렵습니다. 아이들은 기본적인 글쓰기조차 힘겨워하는데 고쳐 쓰기를 한다는 것은 언감생심焉敢生心입니다. 하지만 좀 더 완성되고 체계적인 글을 쓰기 위해서는 반드시 다시 읽어보며 고쳐 써야 한다는 점을 강조해서 꼭 실천하도록 해야 합니다.

누구나 처음 쓴 글은 고쳐야 할 점이 많다는 것을 인정하고, 읽는 사람이 이해하기 쉽고 글을 쓰는 목적에 알맞은 글을 쓸 수 있도록 반드시 고쳐 쓰는 과정을 거쳐야 합니다. 글을 고쳐 쓰려면 여러 번 다시 읽어보고, 특히 자신이 읽는 사람이 되었다고 생각하며 자기의 글을 읽을 수 있도록 해야 합니다. 또한 고쳐 쓰기는 단순히 맞춤법이 틀린 부분을 교정하는 것이 아니라 글 전체 수준에서부터 문장과 낱말 수준까지 다양한 수준에서 반복적으로 점검해야 합니다.

일반적으로 글을 고쳐 쓰는 방법은 다음의 3단계 과정을 거칩니다.

**1단계** 쓴 글을 전체적으로 읽습니다.

**2단계** 문단 흐름이 자연스러운지, 중심 생각이 잘 나타났는지 살펴봅니다.

**3단계** 틀린 문장이나 낱말이 있는지 찾아봅니다.

이렇게 거시적으로 먼저 글의 전체를 읽어본 후 세부적으로 들어가서 문장과 낱말 등 구체적인 부분을 살펴보는 것입니다.

글 고쳐 쓰기는 한자로 '퇴고推敲'라고 합니다. '밀 퇴推', '두드릴 고敲', '미느냐 두드리느냐'의 뜻으로 글을 지을 때 문장을 여러 번 가다듬는 것을 이릅니다.

퇴고를 할 때에는 주제와 일관성이 있는지, 혹시 빠뜨린 내용은 없는지, 구체적이고 자세한 표현을 사용했는지, 맞춤법과 띄어쓰기가 올바르게 되었는지 등을 확인해야 합니다.

다음은 초등 6학년 국어 교과서에 나와 있는 '글을 고쳐 쓸 때 생각할 점'과 '글을 고쳐 쓰면 좋은 점'입니다.

**글을 고쳐 쓸 때 생각할 점**

① 적절하지 않은 낱말이나 틀린 문장이 있는지 확인한다.

② 중심 생각과 관련 없는 부분이 있는지 확인한다.

③ 더 필요한 내용이 있으면 알맞은 곳에 써넣는다.

**글을 고쳐 쓰면 좋은 점**

① 적절하지 않은 낱말이나 틀린 문장이 없으면 읽는 사람이 글을 더 쉽게 이해할 수 있다.

② 군더더기 없는 글을 쓰면 자신의 생각을 더 잘 전달할 수 있다.

③ 필요한 내용을 더 쓰면 내용이 자세하고 풍부한 글이 된다.

# 2

# 글쓰기의 첫 출발, 일기 쓰기

# 1 일기에 평가나 우위를 말하지 말 것

## 초등학생의 첫 번째 글쓰기, 일기

초등학생들이 국어 시간에 처음으로 접하는 글쓰기가 바로 일기 쓰기입니다. 일기日記는 날마다 자신이 겪은 일이나 생각, 느낌 등을 사실대로 적은 기록입니다.

구체적으로는 1학년 1학기 9단원 '그림일기를 써요'에서 겪은 일을 떠올려 그림일기를 쓰는 방법을 배우게 됩니다. 그리고 아이들은 1학년 1학기 말부터 본격적으로 그림일기를 씁니다. 그 후에는 1학년 2학기 9단원 '겪은 일을 글로 써요'에서 일기 쓰기에 대해 배웁니다.

다음은 1학년 1학기 '그림일기를 써요' 단원 중 교사용 지도서에 나와 있는 '지도의 유의점' 부분입니다.

- 일기는 개인적인 비밀 기록일 수 있으므로 일기를 공유하거나 발표하는 것을 강요하지 않도록 한다.
- 일기를 공개하기 꺼리는 학생은 다른 사람에게 보여줄 수 있는 내용의 일기를 따로 쓰도록 안내한다.
- 일기의 주제는 기본적으로 한 가지임을 반드시 강조해 주제에 충실한 일기를 쓰도록 지도한다.
- 학생의 일기를 공개적으로 평가하거나 비교 우위를 따져서 평가하지 않도록 주의한다.
- 이 단원의 학습을 통해 일기를 쓰는 것은 의미 있고 즐거운 일이므로 일기를 더욱 잘 쓰겠다는 의지가 생기도록 한다.
- 직접 쓰는 활동은 부담이 될 수도 있으니 구두 작문이나 느낌 발표하기 등 다양하게 활동을 전개한다.
- 글의 길이나 내용의 완성도에 치중하지 말고 자신에게 중요한 내용을 표현하는 것을 강조한다.
- 학생들이 실제 겪은 사실과 자신의 생각을 명확하게 구분하지 못하는 경우에는 문장 표현 방식이 다르다는 것을 안내한다.
- 일기를 쓰는 횟수를 강요하거나 분량을 지정하는 등의 지도로 일기 쓰기에 흥미를 떨어뜨리지 않게 주의한다.

- 유명인의 일기나 교사의 어린 시절 일기 등 현실감 있는 자료를 통해 일기 쓰기가 자연스러운 활동임을 느끼게 한다.
- 최종적으로는 일기를 잘 쓰게 하는 것이 목표이기 때문에 그림일기에 친숙한 학생에게는 점차 그림의 비중을 줄이고 글의 내용을 확대하도록 한다.

아이들은 수없이 많은 하루하루를 보내지만 대부분의 일상을 그냥 흘려보내는 경우가 많습니다. 그러나 실제로 그 하루하루는 각 사람마다 그 의미가 다른 날이며, 그날의 중요한 일은 알게 모르게 각자의 삶에 커다란 영향을 미칩니다. 따라서 무의미해 보이는 일상에서 중요한 사건을 찾아 그것에 대한 깊이 있는 생각을 남기는 것은 매우 의미 있는 일입니다.

1학년 1학기 때에는 아이들이 부담 없이 글쓰기에 접근하도록 그림일기부터 시작하게 됩니다. 자신의 하루 일과를 돌아보고 그중에 기억에 남는 일을 떠올려 그림일기를 쓰고 이것을 발표하는 활동까지 실행합니다. 그리고 1학년 2학기 때에는 본격적으로 일기를 쓰게 됩니다. 1학년 2학기 '겪은 일을 글로 써요' 단원 중 교사용 지도서에 나와 있는 '지도의 유의점'입니다.

- 이 단원에서는 일기 쓰기를 다룬다. 하지만 일기를 통해 글쓰기 능력을 키우는 데 너무 강조점을 두어서는 안 된다. 학생들이 자

신이 겪은 일을 자유롭게 쓰는 과정에 재미를 느끼도록 해야 한다.

- 학생들은 특별한 일에서 일기의 글감을 골라야 한다고 생각하는 경향이 있다. 하지만 특별한 일은 어쩌다 한 번 생기기 마련이다. 날마다 반복되는 일상을 새롭게 발견하는 눈을 키워주는 지도가 필요하다.
- 일기를 자세히 쓸 수 있도록 지도한다. 이런저런 일들을 나열해 글의 분량만 길게 만드는 것이 아니라 하나의 장면, 하나의 사건을 선택해 자세히 쓸 수 있도록 지도해야 한다.
- 겪은 일을 떠올려 글을 자세히 쓰는 능력은 개인별로 차이가 크다. 학급 공통의 경험을 선정해 일련의 과정을 충분히 연습하는 시간이 필요하다.
- 이 단원의 목적은 자신을 알아보는 역량을 키우는 것이다. 그러나 일기를 통한 자기반성을 너무 강요하지 않도록 한다. 싫은 감정도 솔직하게 써서 일기를 통한 치유의 과정도 경험할 수 있도록 안내한다.
- 일기 쓰기에 흥미를 느낄 수 있도록 일기 표현 방식을 다양하게 해볼 수도 있다. 하루 동안 일어난 일을 시로 쓰기, 노랫말로 바꾸기, 만화로 표현하기 등의 활동을 추가로 해보면 일기 쓰기에 대한 흥미를 높이는 데 도움이 된다.

초등학교 입학 후 1학년 때부터 국어 시간에 일기 쓰기를 배우고,

숙제로 꾸준하게 일기를 쓰게 됩니다. 하지만 아이들에게는 일기 쓰기가 어렵고 힘들게 느껴집니다. 매일 반복되는 비슷한 일상인데 그것을 매번 일기로 쓰라고 하니 난감하고 곤란하겠지요.

게다가 선생님이나 부모님이 일기를 검사하며 맞춤법, 띄어쓰기, 구체적인 표현 등을 빨간펜으로 고치는 경우도 많습니다. 하지만 그렇게 수정하면 안 됩니다. 일기는 일기로 봐줘야 합니다. 아이가 쓴 일기는 내용을 중심으로 봐야지, 문법적인 형식을 지도하는 것에 치우쳐 봐서는 안 됩니다. 일단 일기를 쓰는 그 자체가 중요하며, 맞춤법 지도는 그 후 별도로 시간을 내서 하면 됩니다.

저학년들의 경우 그림일기부터 시작합니다. 그림일기에서 그림은 부가적인 수단입니다. 학교의 미술 시간이 아니라 일기를 쓰는 것이기 때문에 아이들이 그림에 너무 힘을 빼면 곤란합니다.

그리고 저학년인 1, 2학년이라 해서 꼭 그림일기부터 시작해야 하는 것은 아닙니다. 아이의 여건과 상황, 수준에 따라 얼마든지 그림일기를 생략하고, 바로 일기 쓰기부터 시작해도 괜찮습니다. 하지만 이것은 부모님의 욕심이나 기대가 아니라, 아이와 충분히 대화를 나누고 아이의 수준을 객관적으로 파악한 후 신중하게 결정해야 하는 부분입니다.

일기 쓰기를 어려워하는 저학년들은 책 읽는 시간을 늘리는 것이 하나의 방법입니다. 아이들이 책을 보며 문장의 표현 기법과 낱말의 배열 등을 자연스럽게 익히기 때문입니다.

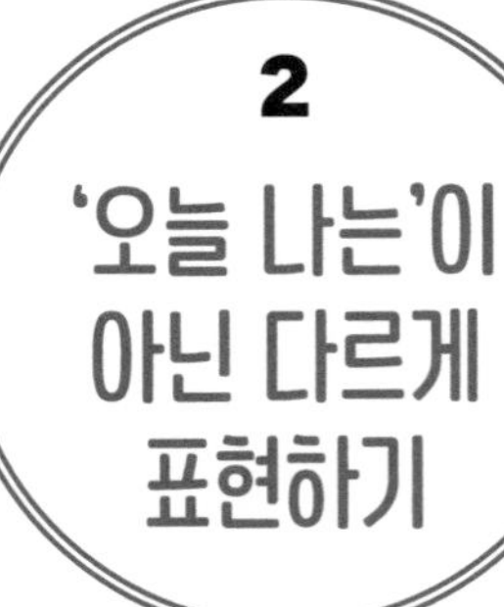

# 2 '오늘 나는'이 아닌 다르게 표현하기

## 일기를 시작하는 말

아이의 사생활은 철저하게 보장해주어야 합니다. 아이가 쓴 일기 내용 중 고민이나 걱정, 친구 간의 갈등이 보일 수 있습니다. 그렇더라도 부모님은 아이와 대화를 하며 이야기를 들어주는 입장을 취해야 합니다. 그 내용을 가지고 아이를 혼내거나 다그치듯 캐물으면 이후 아이는 일기를 형식적으로 보여주기 위한 용도로 쓰게 됩니다. 솔직한 자신의 마음을 담은 비밀 일기장을 따로 갖게 되겠지요.

실제로 학생들을 지도하며 상담하다 보면 이중으로 일기를 쓴다는 아이들이 꽤 있습니다. 그래서 아이들의 사생활은 철저하게 보장하며, 일기 내용에 대해 지나친 관심을 갖거나 그 내용을 문제 삼으면 안 됩니다.

대부분 아이들은 일기를 쓸 때 '나는 오늘~', '오늘 나는~' 이런 식으로 시작하곤 합니다. 아마 대부분의 부모님들도 어린 시절 그렇게 일기를 썼던 경험이 있을 것입니다. 그것이 큰 문제가 되는 것은 아닙니다. 누구나 처음에는 짧게 쓰다가 점점 길게 쓰게 되며, 학년이 올라갈수록 점차 개선되는 부분입니다.

무조건 '나는 오늘', '오늘 나는'이라는 표현을 쓰지 못하게 하면 아이는 일기 쓰는 행위 자체를 싫어하고 어려워할 것입니다. 그럴 때에는 부모님이 이 표현을 쓰지 않고도 글을 시작할 수 있다는 점을 예를 들어 알려주셔야 합니다. 그리고 아이가 그 표현을 쓰지 않고 첫 문장을 시작했다면 칭찬해줌으로써 점진적으로 스스로 고쳐나가도록 유도하면 충분합니다.

또한 글을 쓸 때 반드시 책상 앞에 앉을 필요는 없습니다. 글감을 찾고 구상하는 것은 방 안을 서성이며, 혹은 가족이나 친구와 대화를 하면서 자연스럽게 떠오를 수도 있습니다. 많은 부모님들이 일기나 글을 쓸 때 무조건 책상 앞에 바른 자세로 앉을 것을 강요하는데 좀 더 융통성 있게 접근하는 것이 좋습니다. 오늘 어떤 내용으로 일기를 쓸지 글감을 찾고, 전체적인 구상을 끝냈으면 그 후 책상에 앉아서 본격적으로 글을 쓰면 됩니다.

일기 쓰기에서 아이들이 가장 크게 실수하는 부분은 시간 중심으로 하루를 서술하는 것입니다. 일기는 시간 중심이 아니라 있었던 일, 구체적인 사건 중심으로 써야 합니다. 이 부분이 가장 중요합니다.

예시 하나를 볼까요? 많은 아이들은 일기를 이렇게 씁니다.

**10월 9일 토요일, 날씨 맑음**

나는 오늘 아침에 일어나서 샌드위치를 먹었다. 참 맛있었다. 그리고 오전에 동생이랑 보드게임을 했다. 점심은 라면을 먹었다. 오후에는 밖에 나가서 자전거를 탔다. 엄마가 책을 읽으라고 해서 만화 한국사를 조금 읽었다. 휴대폰으로 유튜브를 조금 보고, 게임도 조금 했다. 저녁은 된장찌개를 먹었다.
참 재밌는 하루였다.

실제 아이들의 일기를 보면 이런 식으로 하루에 있었던 일을 아침부터 저녁까지 시간 순으로 나열하는 경우가 대부분입니다. 이런 아이들에게 일기는 시간 순서가 아니라 중요한 사건 중심으로 써야 한다는 점을 알려주어야 합니다. 잘 쓴 일기의 예시를 보여주는 것도 좋습니다.

일기는 가장 기억에 남는 일을 자세하게, 구체적으로 쓰는 것입니다. 있었던 일만 나열하는 것이 아니라 어떤 일이 있었는지, 그때 본인의 생각이나 느낌을 함께 씁니다. 또한 생각이나 느낌을 제일 뒤에만 쓰지 않고, 중간 중간 써도 괜찮습니다. 본인이 겪은 일이나 생각, 느낌 등을 시로 표현해도 무방합니다. 요즘 아이들은 음악을 좋아하니 노래 가사나 랩으로 표현해도 됩니다. 가끔 그림을 추가하거나 4컷 만화로 일기를 써도 괜찮습니다.

그런가 하면 일기를 마치 반성문처럼 쓰는 아이들도 간혹 있습니다. 일기의 필수 조건이 꼭 하루 생활을 반성하며 되돌아봐야 하는 것은 아닙니다. 물론 본인에게 오늘 하루 어떤 일들이 있었는지 다시 돌아볼 필요는 있겠지만, 반드시 반성하며 뉘우치거나 후회하는 형식일 필요는 없습니다. 즉, 일기가 반성문이 되어서는 곤란합니다.

자, 그럼 일기를 어떻게 쓰면 좋을지 알아볼까요.

# 3 어떻게 하면 일기를 잘 쓸 수 있을까

## 일기 쓰기의 방법

일기를 쓰기 전에는 먼저 '개요 짜기'부터 하는 것이 좋습니다. 일기뿐 아니라 어떤 글이든 쓰기 전에 미리 개요를 짜며 커다란 흐름과 틀을 생각해봐야 합니다. 이때 직접 연필을 잡고 종이에 쓰는 게 좋습니다. 일기 역시 마찬가지입니다. 하지만 대부분 아이들은 다른 글에서는 개요를 짜더라도 일기에서는 그렇지 않은 경우가 많습니다. 일기도 더욱 체계적으로 쓰기 위해서는 개요 짜기가 필요하다는 점을 강조해주어야 할 것입니다.

또 한 가지. 일기는 반드시 일기장에 써야 할까요?

아닙니다. 시중에서 판매하는 아이들의 일기장은 지나치게 형식적으로 만들어져 있어 오히려 일기 쓰는 것을 두렵고 어렵게 느끼도록 합니다. 일기를 쓴 날짜는 써야 하지만 매번 날씨, 제목까지 쓸 필요는 없습니다. 따라서 어떤 줄노트라도 일기장으로 무방합니다.

일기는 반드시 밤에, 잠자기 전에 써야 하는 것은 아닙니다. 일기는 하루 중 아무 때나 본인이 쓰고 싶을 때 쓰면 됩니다. 오히려 잠자기 전에 일기를 쓰게 되면 아이들은 피곤해서 빨리 자고 싶은 마음에 형식적이고 대충 쓰는 경우가 많습니다.

만약 일기의 소재가 없다는 아이들에게는 매일 기분이 다르고 감정도 다름을 이야기해줍니다. 오늘 하루 내가 행동하며, 보고 듣고 느끼고 생각한 것을 쓰는 것이 일기이며, 어떤 내용이든 무방하다고 말입니다. 아이들은 특별한 일, 남들과는 다른 경험을 일기로 써야 한다고 고민하며, 그래서인지 쓸 내용이 없다고 하소연합니다.

**감정**

1. 친구에게 나쁜 말을 해서 미안하다
2. 동생과 싸워 속상하다
3. 운동회를 생각하니 설렌다
4. 수학 단원평가에서 100점을 맞아 기쁘다
5. 영어 단어 시험에서 틀릴까봐 불안하고 걱정된다

6. 엄마가 게임을 못하게 해서 짜증 난다
7. 코로나로 집에만 있어서 매일매일 지루하다
8. 밀린 숙제를 다 끝내서 후련하다
9. 공포영화를 봤더니 밤에 자려고 누웠는데 무섭다
10. 달리기를 하다가 넘어져서 부끄럽다

이처럼 오늘 있었던 일에 대한 감정을 생각하고 어떤 상황에서 이런 감정이 들었고, 상대의 마음이 어떠했을지를 생각하며 일기를 씁니다. 그러면 자연스레 일기뿐만 아니라 다른 글에서도 자신의 감정을 잘 표현하게 됩니다.

학교에서 배운 내용, 오늘 가장 기억나는 일, 친구들과 나눈 이야기, 쉬는 시간 무엇을 했는지, 급식은 어땠는지 등 일기의 주제는 무궁무진합니다. 아이가 일기 쓰기를 힘겨워하면 부모님은 아이와 대화하며 실마리를 제공해주셔도 좋습니다. 그 안에서 힌트를 얻어 일기를 쓰며 아이는 조금씩 글쓰기에 자신감을 갖고 성장해나갈 것입니다.

**학교 생활**

1. 배운 것: 재미있었던 수업, 어려웠던 수업, 수학의 어려움 등 각 과목에 대한 생각

2. 친구: 친한 친구, 친구와의 놀이, 대화, 친구와 있었던 일

3. 쉬는 시간: 발생한 일, 놀이(오목, 공기놀이 등)

4. 선생님: 선생님의 말투, 감사, 칭찬, 바라는 점

5. 급식: 맛있는 반찬, 잔반 없는 날, 급식실 예의, 급식실 분위기

6. 수업: 온라인 수업과 등교 수업의 장단점 비교, 수업방식

7. 숙제: 오늘의 숙제, 어려운 숙제, 숙제할 때 드는 생각

8. 방과후수업: 관심이나 흥미, 다음에 배우고 싶은 수업

9. 학원: 학원에서 있었던 일, 재미있는 일, 화나는 일

10. 등하교: 등하교 때 본 것, 인상적인 부분

이것 외에 선생님께 하지 못한 말이나 친구와의 다툼 등을 일기에 적어도 좋습니다. 선생님과 소통하는 방법으로 일기를 이용합니다.

일기뿐 아니라 모든 글쓰기는 시작이 중요합니다. 그래서 첫 문장의 시작에서부터 어쩔 줄 몰라 하는 아이들이 태반입니다. 그럴 때에는 부모님이 옆에서 구체적인 첫 문장의 시작 방법을 알려주며 도와주기를 바랍니다. 아예 부모님이 첫 문장을 제시해주고 아이가 이어서 쓰게 하거나, 혹은 첫 문장의 핵심 단어를 알려주는 방법도 있습니다.

일기뿐 아니라 여러 글쓰기에서도 사용하면 좋은 첫 시작의 말에는 크게 세 가지가 있습니다.

첫째, 날씨로 시작합니다.

너무 더운 여름 날씨이다. 며칠째 비도 오지 않고, 에어컨을 틀지 않으면 잠을 잘 수 없을 정도이다.

이렇게 오늘의 날씨로 글을 시작하면 평소 자연 현상에 관심을 갖게 되고, 보다 유심히 주변을 관찰하는 긍정적인 효과도 볼 수 있습니다. 무엇보다 가장 무난한 방법이기도 합니다.

둘째, 본인의 생각이나 느낌을 표현하는 문장으로 시작합니다. 의성어나 의태어를 사용하는 것도 가능합니다.

"으아악~" 너무 어이없는 일이 있어서 화가 치밀어 올랐다. 쉬는 시간 가만히 앉아서 책을 보는데 내 뒷자리에 앉은 재민이가 내 머리를 때리고 욕을 했다.

일기는 결국 본인의 생각이나 느낌에 대해 주로 쓰는 글입니다. 그래서 오늘 나의 감정 상태를 들여다본 뒤 이를 표현하는 것으로 일기를 시작하면, 보다 집중해서 나머지 내용을 채울 수 있습니다.

셋째, 대화로 시작하는 방법입니다.

"싫어, 싫단 말이야!"
"그래도 치마를 입는 게 예뻐."

부모님, 가족, 친구, 선생님과의 대화를 떠올리며 기억에 남는 순간을 포착해서 일기의 첫 문장으로 쓰면 더욱 생동감 있게 쓸 수 있습니다.

일기는 한 달 정도 꾸준하게 쓰면 습관화됩니다. 꾸준하게 일기 쓰는 습관이 생기면 사물을 예리하게 관찰하게 되고, 새로운 아이디어도 폭넓게 얻을 수 있습니다.

우리 아이들이 일기 쓰는 것을 어렵지 않게 여기며, 누구나 일기 쓰는 것이 자신에게 유익하고 의미 있는 활동이라는 점을 인식할 수 있도록 가정에서 부모님도 관심을 갖고 격려해주셔야 합니다. 일기 쓰기는 검사나 확인하려는 목적이 아니라 애정과 관심을 나타내는 수단이어야 합니다.

물론 부모님이 아이와 함께 일기 쓰는 모습을 보이며 솔선수범하는 것도 최고의 일기 쓰기 지도 방법입니다. 일기뿐 아니라 글쓰기 지도의 가장 기본은 부모님이 먼저 쓰기, 혹은 함께 쓰기입니다.

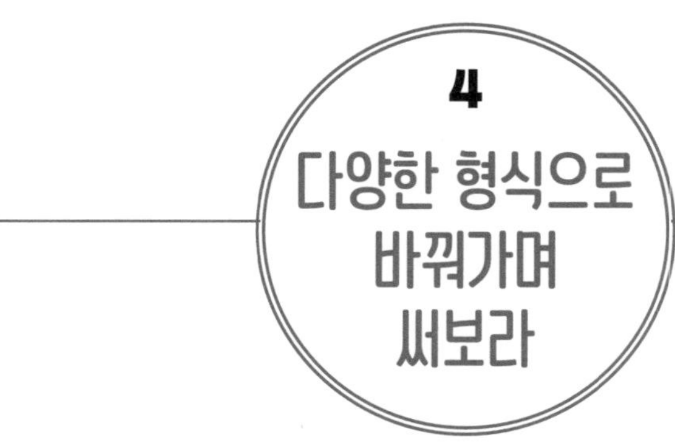

# 4 다양한 형식으로 바꿔가며 써보라

## 일기의 다양한 형식

일반적으로 일기는 하루에 있었던 일 중 가장 기억에 남는 일을 기록하는 것입니다. 하지만 그 형식에 있어서는 자유롭게 적용 가능합니다. 오늘 있었던 일 중 하나를 반드시 산문의 형식으로 길게 쓸 필요는 없습니다. 일기는 다양한 형식으로 쓸 수 있어야 글쓰기 능력에 있어서도 큰 효과를 볼 수 있습니다.

학교에서의 활동 내용을 일기로 쓸 경우, 가령 학교에서 체험학습을 다녀왔다거나 실과 시간에 샌드위치를 만들어봤다면 그 내용을 중심으로 일기를 쓰면 됩니다. 내가 만든 샌드위치에 이름을 만들어주고, 빵과 관련된 동화책 이야기도 곁들이며 써내려간다면 더 풍성하고 재미있는 일기가 될 것입니다.

기억에 남는 수업 내용을 주제로 일기를 쓸 수도 있습니다. 수업 소감 쓰기와도 유사한데, 오늘 담임선생님이 무언가 재미있는 수업을 했다면 일기에 그 내용을 다시 정리함으로써 글쓰기 능력뿐 아니라 수업 내용에 대한 복습도 겸하게 됩니다.

그리고 일기 쓰기라고 해서 굳이 산문으로만 쓸 필요는 없습니다. 일기를 시로 써도 되고, 편지 형식으로도 가능합니다. 또는 엄마나 선생님, 친구에게 하고 싶은 말을 일기로 나타낼 수도 있습니다. 학교에서 친구와 다툼이 있어도 집에서 절대 말하지 않는 아이들이 많은데, 일기를 쓰며 자연스레 자신의 힘든 이야기를 털어놓는 경우도 있습니다.

편지 형식으로 일기를 쓸 때는 그 대상이 유명인사가 될 수도 있습니다. 방탄소년단의 멤버가 될 수도 있고, 대통령이 될 수도 있으며, 혹은 학교의 교장선생님에게 하고 싶은 말을 쓸 수도 있겠지요. 본인의 마음을 전하는 편지를 쓰는 것만으로도 자기 생각을 재미있게 풀어내는 방법을 익히게 될 것입니다.

또 다른 다양한 일기 쓰기의 방법으로는 '주제 일기 쓰기'도 있습니다. 주제 일기 쓰기란 본인이 관심을 갖는 분야를 일기로 나타내는 것입니다. 그림에 소질이 있는 친구들은 그림 일기, 책을 좋아하는 아이들은 독서 일기, 공부를 좋아하는 아이들은 학습 일기, 집에서 반려동물을 키우거나 동물을 좋아하는 아이들은 반려동물 일기, 식물에 관심이 많은 친구들은 식물 관찰 일기 등을 쓰는 것입니다.

이처럼 일기는 정해진 형식도 없고, 어떤 매뉴얼대로 따라 써야 하는 것도 아닙니다. 다양한 형식으로, 자신이 얼마든지 변형하여 즐겁게 쓰는 것이 중요합니다. 일기 쓰기에서 가장 중요한 것은 그 형식이 아니라, 자기의 하루를 글로 표현하는 일을 즐겁게 여기는 것입니다. 나아가서 이것이 습관으로 자리 잡으면 됩니다.

☺ 해피이선생의 글쓰기 조언

## 부담 없이 '하루 이야기' 쓰기

글쓰기의 첫 출발인 일기를 어려워하고, 부담스럽게 생각하는 아이들도 있습니다. 그럴 때에는 일기라는 단어보다 '하루 이야기'라는 말을 사용합니다. 일기장의 겉표지에 '세상에서 가장 소중한 나의 하루 이야기'라고 예쁘게 써줍니다. 그리고 본인이 오늘 하루 어떤 일들이 있었는지 생각한 후 가장 기억에 남는 일을 쓰도록 합니다. '하루 이야기'를 쓰기 전 조용히 눈을 감고 아침에 일어나서 지금 이 순간까지 보고 경험한 일들을 떠올려 보며 좀 특별하게 생각나는 것을 자세하게 씁니다.

자세하게 쓸 때에는 행동, 대화, 중얼거리는 말, 주변 환경, 당시 분위기, 그때의 생각이나 느낌 등을 구체적으로 써서 다른 사람이 내 글을 봤을 때 궁금한 점이 없고 쉽게 이해할 수 있어야 합니다. 끝으로 '하루 이야기'를 다 썼으면 내가 몇 시에 썼는지 그 시간을 구체적으로 글의 마지막 부분에 기록합니다. 예를 들어, 오후 8시 10분 ~ 8시 30분이라고 씁니다.

그러면 아이가 스스로 나의 일기 쓰는 패턴과 소요되는 시간을 알 수 있고, 그에 따라 조금씩 시간을 조절하는 능력도 생깁니다. 물론 부모님도 아이와 함께 '하루 이야기'를 쓰거나 다이어리에 간단한 메모를 해서 아이와 서로 이야기를 나누는 것도 아이의 일기 쓰는 습관 형성에 도움이 될 것입니다.

## 5
# 해피이선생 반 아이들의 10인 10색 일기

저는 몇 학년 담임을 맡던 상관없이, 항상 일기 쓰기를 매주의 과제로 내줍니다. 일기 쓰기는 학년과 무관하게 초등 시기 아이들의 글쓰기 능력을 향상시킬 수 있는 가장 유효한 방법이라고 생각하기 때문입니다. 보통 일주일에 한 편, 10줄 이상 쓰도록 합니다. 그리고 매주 월요일마다 확인을 하는데, 이때 간단하게 몇 자 멘트를 달아주거나 도장을 찍습니다. 다른 아이들과 공유하면 좋을 것 같은 일기는 그 아이에게 사전 동의를 구한 뒤 반 아이들에게 읽어줍니다.

10줄 이상 쓰도록 하는 이유는 최소한의 제한을 두어야 아이들이 고민하며 글을 쓰기 때문입니다. 예전에는 분량 제한 없이 자유롭게 쓰도록 했더니 4~5줄 정도 겨우 쓰는 학생이 대부분이었고 그 내용 또한 너무 단순했습니다. 따라서 학년에 따라 일기 쓰기에 어느 정도 제한을 두는 것이 낫다는 결론에 이르렀습니다. 1학년은 그림 일기, 2학년부터는 줄글 일기 5줄, 3학년 7~8줄, 4학년 이상은 10줄 이상 쓸 수 있어야 합니다.

또한 아이들은 너무 단순한 표현을 주로 사용하기 때문에 풍부한 감정을 나타내는 단어를 알려준 후 '감정 단어'(46~47쪽 참조) 중 두 개 이상 넣어서 일기를 쓰도록 지정해주기도 합니다. 담임선생님에 따라서는 아예 '감정 단어' 목록을 인쇄하여 나눠주고 이것을 일기장 앞에 붙여 놓도록 하는 경우도 있습니다.

그러면 4학년 아이들이 쓴 일기 중 열 명의 글을 소개해보겠습니다. 지역, 학년, 성별은 다르겠지만 우리 아이가 쓴 일기와 비교해서 살펴보시고, 요즘 아이들이 일기에 어떤 이야기를 쓰고 어떤 감정을 느끼는지 읽어 보시기 바랍니다.

김○○

**2021년 5월 30일 일요일, 날씨: 좋음**

**제목** 냉면

오늘 점심에 냉면을 먹었다. 엄마가 면을 삶고 육수를 만들었다. 냉면은 생각보다 빨리 완성됐다. 동생과 나는 냉면을 한 젓가락 먹어보았다. 조금 싱거워서 비빔양념을 넣었다. 다시 한입 먹어 보았다. 면이 완전 쫄깃하고 매콤해서 내 입맛에 딱 맞았다. 다만, 면이 너무 쫄깃해서 많이 씹어야 했다. 동생도 맛있는지 나보다 더 빨리 먹었다. 아빠도 엄청 맛있어 했다. 다 먹고 나니 왠지 아쉬웠다. 앞으로 냉면을 먹을 때에는 엄마를 도와서 면을 풀어야겠다. 그리고 엄마, 아빠께 안마도 자주 해드리고 많이 도와드려야겠다.

오늘 먹은 냉면은 엄마의 사랑이 담긴 만큼 맛있었다. 다음에는 엄마가 힘들지 않게 엄마를 도와주어야겠다.

**해피이선생의 덧붙이는 말**

일기 쓰기가 학교 과제인 경우 대부분의 아이들은 주말에 씁니다. 충분히 그럴 수 있습니다. 하지만 주말에 있었던 일을 쓰기 위해 아침부터 밤에 잠자기 전까지의 과정을 나열해서 쓰는 것은 곤란합니다. 이 아이처럼 하루 세 끼 식사 중 점심에 먹은 냉면을 소재로 자세하고도 따뜻한 일기를 쓸 수 있습니다.

이○○

**2021년 6월 6일 일요일, 날씨: 좋음**

**제목** 외할아버지의 멋진 농약, 드론

오늘 아침 외할아버지, 아빠, 나는 같이 논에 가서 외할아버지의 비료, 농약을 주는 드론을 띄워서 비료를 주었다. 그 드론은 좋은 것이다. 보니 근처에 캔 같은 게 있으면 드론이 안 날고, 고 난이도의 조종이 있어야 해서 말을 걸면 절대 안 된다.

중간에 외할아버지의 아는 분이 오셔서 눈치 없이 말을 걸어서 외할아버지의 드론이 날개 사이로 전봇대에 박았다. 난 순간 기절할 뻔하고, 그 할아버지는 미안하고 민망해서 후다닥 갔다.

드론 날개 4개가 부러졌다. 집에 가서 날개 CW 2개, CCW 2개를 갈았다. 다시 드론이 항공하니 마음이 놓였다. 드론이 비료를 주어 모가 빨리 자라면 좋겠다.

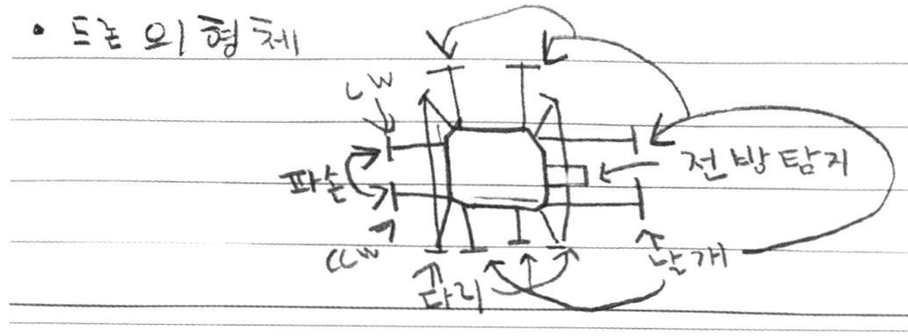

**해피이선생의 덧붙이는 말**

가능하면 일기의 형식은 제한하지 않는 것이 좋습니다. 일기는 아이가 꾸준하게 글을 쓰는 장場이니까요. 고학년인 4학년 학생이지만 얼마든지 그림을 추가하거나 간단한 캐릭터 등을 함께 덧붙여도 괜찮습니다. 이 아이는 글의 내용을 조금 더 자세하게 표현하려는 의도로 그림을 그렸을 것입니다. 아마도 이 아이는 드론에 대해서는 저보다 더 많은 지식을 갖고 있을 것입니다.

이런 경우엔 교사나 부모님이 드론에 대해 관심을 갖고 아이에게 다가가십시오. 그리고 드론에 대해 이것저것 물어보면 아이는 신이 나서 자세히 설명할 뿐만 아니라 앞으로도 더욱 적극적으로 일기를 쓸 것입니다.

**이○○**

**2021년 7월 2일 금요일, 날씨: 좋음**

**제목** 환상적인 영어시험

오늘 드디어 내가 계속 기다리던 영어시험 보는 날이었다. 오늘 시험은 쉬운 것이었다. 예전에 시험 볼 때에는 긴장을 많이 했는데 오늘은 긴장을 별로 안했다. 시험을 볼 때 '잠을 깨다'의 스펠링을 까먹어서 살짝 불안했다. 그런데 선생님이 마지막으로 '잠을 깨다'를 읽어주실 때 딱 떠올라서 빨리 썼다. 그리고 뒷장에 알파벳을 썼다. 대문자는 쉬운데 소문자가 조금 부족한 것 같아서 소문자만 공부했는데 시험 볼 때에는 대문자 'J'가 좀 어려웠다. 그래서 오른쪽으로 그려야 하나? 왼쪽으로 그려야 하나? 생각했다. 오른쪽은 좀 찝찝해서 왼쪽으로 쓰고, 선생님에게 내었다. 그런데 내가 100점을 맞았다고 선생님이 알려주셨다. 내 마음이 꼬여 있던 게 다시 풀려지는 마음이었다. 다음에 또 영어시험을 100점 맞고 싶다. 빨리 집에 가서 부모님에게 칭찬받고 싶다.

해피이선생의 덧붙이는 말

초등학생들에게는 성공의 경험이 중요합니다. 그것이 시험이 되었든, 운동이 되었든 말입니다. '내가 열심히 노력하면 나도 잘할 수 있구나'라는 것을 느껴봐야 합니다. 그래야 이후 중학교와 고등학교에 진학해서도 의지를 가지고 스스로 열심히 할 수 있습니다.

보통 단원평가 점수를 아이들에게 공개적으로 알려주지는 않지만 다소 부족한 실력이었다가 성적이 대폭 오른 아이들의 경우 일부러 공개적으로 칭찬해줍니다. 그러면 다음 시험에서도 열심히 공부해 좋은 성적을 거둡니다. 글도 마찬가지입니다. 아이들의 글에는 맞춤법, 띄어쓰기, 내용의 구성 등 부족한 점이 많지만 이런 것들을 지적하지 말고 일부러 잘 쓴 부분을 찾아 칭찬해주는 것이 중요합니다. 그래야 글 쓰는 일을 꺼리지 않고 자신감을 계속 가질 수 있습니다.

류○○

**2021년 7월 11일 일요일, 날씨: 찜통 더위**

**제목** 용 ppt 발표

2021년 7월 6일 화요일 밤, 나는 목요일에 발표할 새소식 준비를 미리 했다. 이유는 수요일 밤 수업을 듣기 때문이다. 나는 용에 대해서 새소식을 준비했는데 저번에 새소식을 발표했던 것처럼 퀴즈를 내려고 용의 부위에 대해서 설명하기로 했다. 하지만 ppt에서 내가 생각했던 대로 애니메이션 효과가 보이지 않아 일일이 하나하나 다 수동으로 글자를 가리고 있는 사각형을 없애야 돼서 힘들었다.

그리고 2021년 7월 8일 목요일 드디어 새소식을 발표하는 날이었다. 하지만 앞에 나가니 새소식을 4번이나 했어도 아직 떨려서 제대로 하지는 못했다. 하지만 5-6교시 미술 시간에 한 친구가 새소식이 재미있다고 해서 뿌듯함을 느낀 하루였다.

**해피이선생의 덧붙이는 말**

저는 매일 아침 활동 시간에 두 명씩 '새소식 발표'를 시킵니다. 주제는 자유이며, 시간은 1분 내외입니다. 준비하는 아이는 다른 친구들 앞에서 발표하기 때문에 발표력 및 자신감 상승을 도모할 수 있고, 다른 친구들은 상식이 풍부해지며 경청하는 자세와 태도를 기를 수 있습니다. 대부분 노트에 써온 내용을 발표하는데, 간혹 ppt를 준비해 발표하는 친구도 있고 실물이나 모형을 가져오는 아이들도 있습니다. 이 일기의 주인공은 발표할 때마다 ppt를 준비했는데 그 과정이 힘들지만 기억에 남았나 봅니다.

저희 학급의 경우, 일주일에 한 편의 일기를 과제로 내주다 보니 아이들이 당일 있었던 일보다는 일주일 중 기억에 남는 일을 쓰는 경우가 많습니다. 가급적 일기는 가정에서 매일 쓰도록 권하는 것이 좋습니다. 학교의 숙제 여부와 상관없이 매일 분량에 상관없이 일기를 쓰게 하며, 마지막은 칭찬으로 마무리합니다. 일기는 그 날 있었던 일을 쓰는 것이지만 중학년 이상부터는 독서 일기, 시 일기, 공부 일기 등으로 그 형태를 다양하게 적용하면 아이가 지루함을 덜 느끼며 일기를 꾸준하게 쓸 수 있습니다.

손○○

**2021년 7월 11일 일요일, 날씨: 흐림**

**제목** 오랜만에 어질어질

나는 오늘 오랜만에 차를 타고 친할머니 집에 갔다. 차를 타고 가는데 나는 오랜만에 어질어질하고 기분 나쁜 멀미가 왔다! 나는 멀미를 별로 안하는데 멀미가 왔으니 얼마나 기분 나빴을까? 나는 멀미를 멈추기 위해 온갖 시도를 다했지만 소용이 별로 없었다. 첫 번째로 껌을 씹어서 멈추려고 했다. 역시나 더 어지러워졌다. 두 번째로 동생이랑 놀기다. 치고 박고 재미있었는데 어지럽지 않아서 멈춘 줄 알았으나 그 생각과 동시에 다시 어지러워졌다. 세 번째는 핸드폰 하기다. 역시나 더 어지러워지다가 괜찮아지다가 소용이 없다.
차에서 내리는 순간 멀미가 멈췄다. 역시 차에서 내리는 게 최고다.

**해피이선생의 덧붙이는 말** 차멀미를 하는 것은 결코 유쾌한 기분은 아닐 것입니다. 하지만 이 아이는 스스로 차멀미를 멈추기 위해 세 가지 시도를 구체적이면서도 유쾌하게 서술하고 있습니다. 교사나 부모님이 이 글을 본다면 아이가 차멀미를 한다는 사실에 대해 인지하고, 그것을 스스로 극복하기 위한 노력을 칭찬해주면 좋을 것입니다.

**이○○**

**2021년 3월 28일 일요일, 날씨: 좋음**

**제목** 새끼 강아지

오늘 아빠가 길 가다가 불쌍해서 주었다고 하며 새끼 강아지 사진을 보여줬다. 사진을 보자마자 너무 귀엽다는 생각밖에 안 들었다. 그래서 우리는 곧장 할머니네로 왔다. 오자마자 차에서 내려 창고 안으로 들어갔다. 들어갔더니 새끼 강아지가 있었다. 나는 핸드폰을 갖고 와서 사진을 찍으려 했다. 근데 할머니네에 강아지가 한 마리 더 있었다. 그 개는 질투했다. 나는 개한테 달려가서 쓰다듬어 주었다. 나는 그 개의 이름을 '맹키'라고 지었다. 맹키의 집도 만들어주고 놀아줬다. 저녁이 되자 나는 맹키를 데려가고 싶었다. 하지만 엄마가 안 된다고 했다. 다음에 또 와서 맹키랑 놀아줘야지!!

**해피이선생의 덧붙이는 말**

요즘 아이들의 일기에 자주 보이는 주제 중 하나가 반려동물입니다. 반려동물을 키우며 아이들은 많은 것을 경험하게 되지요. 지금은 키우지 않더라도 앞으로 꼭 키워보고 싶다는 아이들도 많습니다. 그러한 소중한 경험을 글로 표현하는 것은 참 가치 있고 의미 있는 기록입니다.

홍○○

**2021년 6월 5일 토요일**

목요일에 김장을 했다. 순서는 배추를 절이는 것이다. 엄마가 직접 배추를 뽑는 것을 보았다. 그래서 마트는 언제 나온지도 모르는데 직접 뽑은 것을 보았으니 더 안심이 되는 것 같다. 그리고 양념을 하는 것이다. 내가 학원을 갔다 온 후 밥을 먹고, 나도 엄마와 같이 김장을 했다.

나는 기분이 좋았다. 왜냐하면 나는 엄마가 다른 것을 하면 나도 다 하고 싶기 때문이다. 그리고 공부를 다 하지 않았는데 김장을 했기 때문이다. 김장을 할 때 배추가 뜯어진 것을 먹었는데 맛있었다. 근데 조금 짰다. 나는 양념이랑 배추 둘 다 짠 줄 알았는데 엄마가 배추가 짜고 양념은 안 짜다고 했다. 그리고 김치가 짜야지 안 시어진다고 했다. 나는 양념이 매워서 다음 날에 배가 아팠다. 하지만 멈출 수 없는 중독성이 있었다. 다음에도 내가 배추를 버무리고 싶다.

**해피이선생의 덧붙이는 말**

일기에 꼭 제목을 붙여야 하는 것은 아닙니다. 아이의 자율에 맡겨도 됩니다. 아이들과 함께 다양한 경험을 하고, 아이는 그것을 글로 표현하며 조금씩 성장해 갑니다. 부모님 입장에서는 대수롭지 않은 사소한 일이라도 아이에게는 첫 경험이며 커다란 의미를 갖습니다.

저도 최근 중학교 1학년 아들에게 라면 끓이는 방법을 알려줬습니다. 간단한 일인데도 아이는 기대에 들떠 무척 재미있어했습니다. 이처럼 거창한 경험이 아니더라도 평소 일상 생활에서 아이와 함께 할 수 있는 것들을 공유해보는 것이 참 중요합니다.

김○○

**2021년 5월 30일 일요일**

**제목** 친구들의 미소

2019년,
하하호호.
친구들의 웃는 얼굴

2020년,
하하호호
점점 볼 수 없는 친구들의 웃는 얼굴

2021년,
하하호호
기억에서 사라진 친구들의 웃는 얼굴

2022년,
하하호호
다시 보게 될 친구들의 웃는 얼굴

**해피이선생의 덧붙이는 말**

가끔씩 일기를 시로 쓰는 아이들이 있습니다. 괜찮습니다. 일기를 꼭 줄글로 쓸 필요는 없으니까요.

초등 국어 교과서에서 전학년에 걸쳐 나오는 것이 시입니다. 하지만 막상 직접 시를 쓰기는 쉽지 않은 활동입니다. 자신의 감정과 느낌을 함축된 언어로 정제하여 표현해야 하기에 아이들로서는 어려운 작업입니다. 그럼에도 학교에서 글쓰기 시간에 강제적으로 쓰는 시가 아니라, 일기를 통해 자발적으로 써보는 시라면 좀 더 즐겁게 숙고하며 써내려갈 수 있습니다.

이 학생의 시는 읽는 저도 감탄하며 보았습니다. 코로나19 이전과 지금, 그리고 그 이후의 희망적인 모습을 잘 담고 있습니다. 우리 아이들이 시의 내용처럼 다시 웃을 수 있도록 어른들이 더욱 신경 쓰고 노력해야겠습니다.

박○○

**2021년 3월 3일 토요일**

**제목** 오리 주물럭 간 일

나는 가족과 함께 오리 주물럭에 갔다. 나는 사람이 많길래 장사가 잘 되는 줄 금방 알았다. 음식이 나와 10~15분 정도 먹고 있을 때 우리 뒷자리의 오른쪽에 있던 담임선생님을 보았다. 선생님은 우리 엄마를 보며 급하게 인사를 하셨다. 내가 처음에 봤을 때 선생님은 웃고 떠들었는데 우리 엄마를 보고 싹~하고 모습이 바뀌셨다.

나는 이 장면을 보고 살짝 웃겼다. 오늘은 정말로 황당한 일이다. 오늘 인사를 못했는데 다음엔 당당하게 인사할 거다.

**해피이선생의 덧붙이는 말**

저도 이날의 일을 생생하게 기억합니다. 주말 저녁, 가족과 함께 외식을 하는데 바로 앞 테이블에 우리 반 학생의 가족이 식사를 하러 오셨습니다. 당연히 인사를 해야 하는데 먼저 찾아가서 할지, 눈이 마주치면 할지 찰나의 순간에 망설였습니다. 잠시 후 눈이 마주쳐서 인사를 나눴는데, 이 학생의 입장에서는 그날의 일이 신기하고 재밌었나 봅니다. 이처럼 똑같은 일에 대해서도 각자의 입장과 상황에 따라 다르게 느낄 수 있습니다.

**김○○**

**2021년 4월 21일 수요일, 날씨: 맑음**

오늘은 천리포 수목원에 가서 모둠을 정했다. 나는 민정이랑 승하, 주연이랑 한 모둠이 됐다. 도착해서 선생님이 미션을 주셨다. 미션은 다른 장소에서 다른 포즈로 사진 5장을 찍어서 선생님께 보내는 거였다. 우리 모둠은 천리포 수목원을 뛰어다니며 사진 찍을 장소를 봤다. 우리는 한 30장 찍고 끝났다. 그리고 30장에서 5장을 골라서 선생님께 보냈다.

미션을 끝내고 선생님이 모둠 사진을 다 찍으면 흩어져도 된다고 해서 수현이랑 밖에 나와서 사진도 찍고, 소풍 기분을 내고 개구리도 3마리나 봤다. 놀다가 소율이가 와서 우리 뒷모습을 찍어준다고 해서 찍고 들어가보니 수건놀이가 막 끝나고 있었다.
이제 갈 시간이 돼서 조금 아쉬웠다. 다음에는 가족끼리 와야지.^^

**해피이선생의 덧붙이는 말**

사실 일기뿐 아니라 어떤 글이든 아이가 쓰고 싶을 때 써야 합니다. 하지만 그렇게 놔두면 아이들은 좀처럼 글을 쓰지 않겠지요? 그렇기에 아이들에게 쓸거리를 만들어줘야 합니다. 위의 일기는 천리포 수목원으로 현장체험학습을 다녀온 후 쓴 일기입니다. 물론 일기 이외에 글쓰기의 생활화를 위해서 현장체험학습이나 운동회, 진로체험교육, 안전교육 실습 등이 끝나면 별도로 그에 대한 글쓰기를 진행합니다. 활동지를 만들어서 무슨 일이 있었고, 그때 어떤 생각과 기분이 들었는지 쓰는 것입니다.

이러한 글은 본인이 실제 경험한 일인데다 그 기억이 생생할 때 쓰기 때문에 누구나 어렵지 않게 씁니다. 이처럼 아이들에게 글을 쓸 수 있는 다양한 글감, 소재, 경험을 만들어줘야 합니다. 그것이 크고 거창하지 않더라도 아이와 함께 하는 소소한 일상도 충분히 좋은 글감이 될 수 있습니다.

# 3

# 독서보다 중요한 독후활동

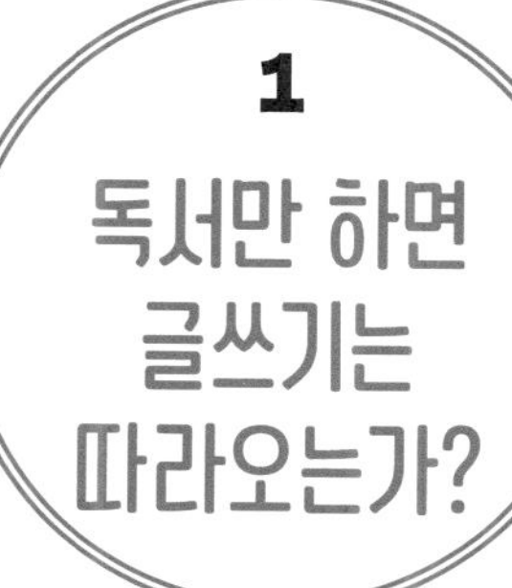

# 1 독서만 하면 글쓰기는 따라오는가?

## 독서와 글쓰기의 차이

일부 학부모들 중에는 글쓰기의 중요성을 이야기하면, 독서를 많이 하면 글쓰기도 자연스레 능숙해지는 것이 아니냐고 반문합니다. 과연 독서만 하면 글쓰기가 해결될까요?

아이들에게 있어 독서와 글쓰기는 결코 재밌는 활동이 아닙니다. 영상매체에 길들여진 아이들은 독서를 하기보다는 스마트폰으로 게임이나 유튜브 혹은 틱톡 등의 영상 시청 등을 즐깁니다.

그러다 보니 활자로 된 책을 읽는 것은 싫어하는 데다 어려워합니다. 독서보다 더 싫어하는 활동이 글쓰기입니다. 독서는 그나마 자리에 앉아서 눈으로 책을 읽으면 그만이지만 글쓰기는 보다 적극적이고 능동적으로 산출물을 만들어내야 합니다.

부모님들도 아이에게 독서를 강요하며 함께 도서관에 가거나 서점에 가서 적극적으로 책을 읽도록 권하곤 합니다. 하지만 가정에서 글쓰기를 강조하며 관심을 갖는 경우는 별로 없습니다. 독서만 하면 충분히 글쓰기도 잘 할 것이라는 막연한 기대를 하기 때문입니다.

독서가 인풋input이라면 글쓰기는 아웃풋output입니다. 자판기에 동전을 넣으면 원하는 물건이 바로 나오듯, 독서라는 입력을 실행하면 바로 글쓰기라는 출력물이 나올까요? 아닙니다. 글쓰기는 아주 복잡한 사고 과정의 총체입니다.

글쓰기는 자신의 생각을 다른 사람들이 이해하도록 표현해야 하는 어려운 작업이기에, 사람들은 일반적으로 읽기보다 쓰기의 발달이 더 늦는다고 말합니다. 그러므로 독서와 글쓰기는 서로 영향을 줄 수 있지만, 책을 많이 읽은 아이가 반드시 글을 잘 쓴다는 논리는 성립되지 않습니다.

물론 좋은 글을 읽어야 좋은 글이 나옵니다. 많이 읽지 않으면 잘 쓸 수 없고, 많이 읽을수록 더 잘 쓸 수 있습니다. 책을 많이 읽어야 아는 것이 많아지고, 그래야 쓸 내용이 풍부해지기 때문입니다. 꾸준하게 독서를 많이 한 아이들은 평소 많은 생각을 하며, 머릿속에 많은 쓸거리를 가지고 있습니다. 하지만 독서만 많이 한다고 글을 잘 쓸 수 있는 것은 아니며, 평소 꾸준한 글쓰기를 해야 합니다.

결국 독서와 글쓰기는 어느 것 하나 덜 중요하거나 더 중요한 것이 아니라 모두 강조되어야 하는 필수입니다. 따라서 독서 후 글쓰기로 연결되는 것이 중요합니다.

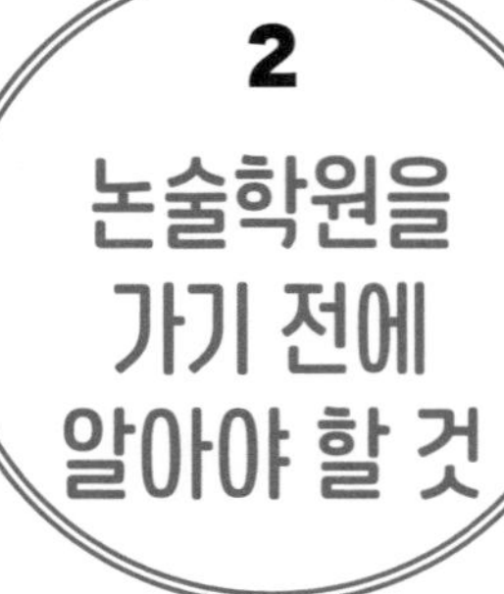

# 2 논술학원을 가기 전에 알아야 할 것

## 글쓰기에 실패하는 이유

글쓰기를 배우겠다면서 논술학원에 다니는 아이들이 많습니다. 혹은 논술학원을 계속 기웃거리는 아이들도 많습니다. '기웃거린다'는 표현을 사용한 이유는 매번 실패를 반복하기 때문입니다. 예를 들어, 논술학원에 처음 방문하면 사전 글쓰기 테스트를 하는데 '잘 모르겠다'며 한 줄 겨우 쓰거나 아예 못 쓰는 아이들도 있습니다. 그러면 일부 논술학원에서는 아이들의 등록을 거부합니다. 그러다 보니 이 학원 저 학원을 뺑뺑이 돌며 기웃거리고 찾아 헤매는 일이 다반사입니다. 이런 상황이 과연 아이의 문제일까요, 아니면 논술학원의 문제일까요?

논술학원이 글쓰기 공부의 필수는 아닙니다. 보통 논술학원에서의 교육은 대부분 독서와 글쓰기를 병행하여 이루어지는데, 특히 책을 읽고 토의나 토론을 한 후 글쓰기로 연결하는 패턴이 일반적입니다. 즉, 주어진 책을 읽고 그 책에 대해 질문을 하며 이야기를 나누고 글을 쓰는 것입니다.

핵심은 지금 우리 아이의 수준을 파악하는 것입니다. 많은 아이들이 부족한 문해력을 갖고 있으며 독서라는 행위 자체를 힘들어합니다. 책 읽기의 재미도 모르고, 간단한 텍스트조차 이해하지 못하는데 어떻게 글을 쓸 수 있을까요?

많은 사설 기관에서 시행되고 있는 글쓰기 교육은 학습자들에게 일정한 형식에 맞추어서 글을 쓰도록 교육하는 실정입니다. 이는 아이들의 창의성과는 무관한 것임이 많은 연구를 통해서 드러났습니다. 글쓰기 교육에 있어서 가장 중요한 것은 학습자가 흥미를 갖게끔 하는 것이 관건입니다. 그래야 글을 많이, 자주 쓸 수 있습니다. 하지만 논술학원에서는 이러한 글쓰기의 정도正道와는 다른 방향으로 운영되는 사례가 많습니다.

결국 글쓰기는 논술학원에 간다고 해결되지 않습니다. 그나마 어느 정도 독후활동 습관을 갖춘 아이가 학원에 가면 성과를 거둘 수 있겠지만 그런 아이들은 굳이 학원에 가지 않아도 혼자 잘할 수 있습니다.

중요한 건 논술학원에 보내는 것보다 학년에 상관없이 우리 아이의 읽기와 쓰기 수준을 파악하는 것입니다. 각 학년마다 꼭 필요하고 유익한 글쓰기가 모두 다르고, 과목마다 글쓰기 방식도 다릅니다.

평소 책 읽기를 싫어하고 글 쓰는 일도 거부하는 등 전혀 준비되지 않은 아이를 무작정 논술학원에 보내서 글쓰기 실력이 늘기를 바라는 것은 현실적으로 아이에게는 스트레스를, 부모님들에게는 쓸데없는 기대를, 학원 관계자들에게는 수강료만 안겨주는 결과만 있을 뿐입니다.

# 3 독서의 흔적을 남겨보자

**독서록 작성을 위한 가이드**

독서록은 초등학교에서 일기와 함께 가장 많이 활용하는 글쓰기 방법 중 하나입니다. 특히 독서와 글쓰기를 함께 할 수 있다는 커다란 장점을 가지고 있습니다. 독서록을 꾸준하게 작성함으로써 얻게 되는 이득은 상당합니다. 읽은 책의 내용을 다시 생각해보며 정리할 수 있고, 글을 요약하는 능력도 키울 뿐 아니라, 자신의 독서 패턴도 파악할 수 있습니다.

독서록의 구체적인 방법이나 형식은 다양합니다. 다시 말해 정답이 없다는 얘기입니다. 문방구에 가면 여러 다양한 독서록 노트를 찾아볼 수 있는데 가급적이면 그런 것보다는 줄로 된 노트를 사용하는 게 좋습니다.

왜냐하면 기존에 나와 있는 독서록은 지나치게 형식적입니다. 제목, 지은이, 읽은 날, 기록한 날, 독서량, 선생님 확인, '읽고 나서' 등 기록해야 하는 부분이 너무 많습니다. 또한 책의 내용을 쓰는 부분 역시 지나치게 깁니다. 실제 어떤 아이들은 책 읽는 것은 즐겁고 재미있는데 독서록 쓰는 것이 부담스럽고 싫어서 책 읽는 것도 꺼려하는 경우가 있습니다. 독서록 작성이 단점보다는 장점이 많은 활동임에는 분명하지만 아이들이 부담을 느낀다면 탄력적으로 조정할 필요가 있습니다.

저 같은 경우 매주 두 권의 책을 읽고 독서록을 작성하도록 과제를 내줍니다. 독서록의 이름은 '행복한 책 읽기'입니다. 책 읽는 것이 즐겁고 행복한 일이라는 뜻입니다. 매주 두 권씩 책을 읽고 이 과제를 해야 합니다. 책 읽은 날짜, 책의 제목, 줄거리 세 줄 이상, 책을 읽은 후 드는 생각이나 느낌을 세 줄 이상 쓰면 됩니다. 많은 선생님들이 다양한 이름과 형식으로 독서록 작성을 실시하고 있습니다.

만약 학교에서 적극적으로 실시하지 않는다면 가정에서 실천하는 것도 추천드립니다. 다만 독서록 작성의 구체적인 방법은 미리 알려줘야 합니다. 제 경우에는 줄거리 외에 생각과 느낌도 세 줄 이상 쓰도록 하는데, 4학년이라면 최소한 그 정도는 정리해서 쓸 수 있어야

| 제목 | | 지은이 | |
|---|---|---|---|
| 읽은날 | 월 일~ 월 일 | 기록한 날 | |
| 독서량 | | 선생님 확인 | |
| 읽고나서 | | | |

날짜:

제목:

줄거리:

생각이나 느낌:

(위)시중에 판매되는 독서록 노트, (아래)일반 줄노트를 이용한 독서록

한다고 판단했기 때문입니다. 그렇지 않을 경우 줄거리는 열 줄 이상 쓰고, 생각이나 느낌은 항상 '참 재미있었다'라고 끝맺는 아이들이 나오기 마련입니다.

또한 책을 읽었으면 줄거리를 요약해서 쓸 수 있어야 합니다. 물론 쉽지 않습니다. 많은 아이들이 줄거리를 요약해서 쓰는 것이 아니라 책의 일부 내용을 그대로 써 오거나 책 표지에 있는 내용을 쓰기도 합니다. 내가 읽은 책의 내용을 간단하게 정리해서 간추릴 수 있는 능력은 국어 공부에도 매우 중요한 부분이므로 꾸준한 연습이 필요합니다.

독서록은 누구나 따라야 하는 정해진 형식이 없습니다. 담임교사, 부모님의 판단에 따라 얼마든지 아이의 여건과 상황을 고려하여 탄력적으로 조정할 수 있습니다.

일반적으로 초등 1학년 아이들이 독서록을 쓰는 것은 무리입니다. 그럴 경우 가볍게 읽은 책의 내용을 말해보는 정도면 충분합니다. 또는 읽은 책의 제목만 써도 됩니다. 2학년은 '한 줄 독서록' 등으로 부담 없이 실시합니다. 책의 제목과 지은이, 읽은 후 느낌을 한 줄 정도로 간략하게 씁니다.

이후 3학년부터는 본격적으로 독서록을 작성합니다. 그 구체적인 방식은 줄거리 쓰기, 읽은 후 생각이나 느낌을 세 줄 정도 정리하기, 줄거리가 아니라 책에서 인상 깊은 장면을 찾아 쓰기 등이 있습니다.

제 아이는 5학년 때부터 학교에서 독서록 과제를 받아왔지만, 저는 그것 외에도 가정에서 별도로 독서록을 작성하도록 했습니다. 일주일에 다섯 권 이상의 책을 읽은 후 책을 읽은 날짜, 책의 제목, 장르만 기록하도록 했습니다. 아이에게 줄거리, 생각이나 느낌을 써야 한다는 부담을 줄여준 것입니다. 그리고 주말이 되면 아이가 기록한 책의 제목을 보고 질문을 던집니다.

"《나쁜 초콜릿》은 어떤 내용이야?"

"《푸른 사자 와니니》를 읽고 너는 어떤 생각이 들었어?"

"《복제인간 윤봉구》처럼 네가 복제인간이라면 너는 어떨 것 같아?"

"《말하는 까만 돌》의 제목은 적당한 것 같아?"

아이는 독서록을 자세히 쓸 때보다 오히려 더 긴장하고 집중해서 책을 읽게 됩니다. 아빠가 어떤 질문을 할지 모르기 때문에 책을 읽으며 그 내용에 보다 신경 써서 읽을 수밖에 없습니다. 그리고 가끔 아이가 읽은 책을 저도 함께 읽은 후 그 책의 내용에 대해 이야기를 나누기도 했습니다. 이것이 바로 가정에서 실천하는 독서 토론입니다. 독서 토론이라고 해서 거창한 것이 아니라 책의 내용에 대해 각자 의견을 나누면 그것이 바로 독서 토론인 것입니다.

독서록은 책을 읽은 후 아이가 그 흔적을 남기는 것입니다. 즉, 꾸준하게 책을 읽는 것이 중요합니다. 독서록 자체가 목적이 되면 곤란합니다. 아이가 책의 내용을 완전히 파악하고 독서하는 것에 재미를 느낄 수 있어야 독서록을 원활하게 작성할 수 있습니다. 그러기 위해서는 부모님들께서 아이가 자신의 수준과 발달 속도에 맞는 책을 읽을 수 있도록 늘 관심을 갖고 도와주어야 합니다.

# 4 무궁무진한 독후활동의 세계

## 독후활동 가이드

독후활동, 즉 책을 읽고 나서 할 수 있는 활동은 무궁무진합니다. 대표적으로 많이 하는 방법으로는 독서록, 독서 감상문 작성이 있으며 이외에도 많은 독후활동이 있겠지요. 아이들에게도 단순히 독서록만 강조하는 것이 아니라 다양한 방법이 있음을 알려주고 실제로 해보도록 권해야 합니다. 크게 다섯 가지 방법을 소개하겠습니다.

### 방법 1 친구, 가족에게 책을 추천하는 방법

본인이 읽은 책 중에서 친구, 가족에게 추천하고 싶은 책을 골라 글을 씁니다. 책의 제목, 책을 추천하는 이유, 줄거리, 느낌 등을 간단하게 쓰면 됩니다. 아이는 본인이 읽은 책 중에서 어떤 책을 소개하면 좋을지 고민할 것이고, 친구의 성향과 특성에 맞는 책을 선택하여 자세하게 소개하는 글을 쓰면 됩니다.

아이는 내가 소개한 책을 친구가 직접 읽기를 바라는 마음으로 정성껏 신경 써서 글을 쓸 것입니다. 이 글을 통해 아이는 본인이 읽은 책에 대해 다시 한번 되돌아보며, 어떤 특징이 있으며 왜 추천하는지 깊이 생각하는 계기를 갖게 됩니다.

또한 가족에게도 책을 추천할 수 있습니다. 아이가 책을 읽어보고 부모님, 형제, 자매에게 적당한 책이라고 생각되면 소개하는 글을 써 보는 것입니다. 그 후에 부모님과 함께 책을 읽고 서로 이야기를 나누는 것도 좋은 독서 교육 방법이 될 것입니다.

소개하는 글에 특정한 형식은 없습니다. 편지글도 좋고, 인상 깊었던 장면을 친구나 가족에게 소개하는 글이어도 좋습니다. 다음은 편지 형식으로 책을 소개하는 예시입니다.

# 편지글로 추천하기

※ 친구에게 권하고 싶은 책의 줄거리와 감동받은 점을 편지로 쓰세요.

________(이)에게

안녕! 나는 ______________________(이)라는 책을 읽었어.
이 책 정말 재미있더라. 줄거리는 다음과 같아.

내가 제일 감동받은 점은

너도 꼭 읽고 답장 써줘. 그럼 건강하고… 안녕!

다음 소개하는 글은 실제로 4학년 아이가 쓴 글입니다.

친구야,

나는 어제 《십 년 가게》라는 책을 읽었어. 그 책은 히로시마 레이코가 쓴 책이야. 난 평소 히로시마 레이코의 책을 자주 읽어. 그 작가는 《마석관》 《전천당》 등 다양한 책을 썼어.

내가 읽은 책은 《십 년 가게》 3권이야. 그 책의 내용은 맡기고 싶은 물건이 있는 사람들에게 십 년 가게에서 초대장이 와. 그 초대장을 열면 마법의 마을로 오게 돼. 그곳에 십 년 가게가 있어. 사람들은 수명 1년을 지불하고 물건을 맡겨. 그곳은 시간이 멈춰 있어서 썩지도 않고, 곰팡이가 생기지도 않아. 시간이 멈춰 있다는 게 흥미로웠어.

십 년 가게의 시작은 항상 이래. 십 년 가게 3권에서 내가 가장 인상 깊었던 이야기는 날씨를 바꾸는 가게야. 십 년 가게의 주인인 십 년 가게는 아침부터 바빴어. 왜냐하면 마법사 텐과 트루님과 소풍을 가는 날이기 때문이야. 고양이 집사 카라시도 소풍 준비로 바빴어. 십 년 가게를 나설 때 갑자기 밖에서 비가 내렸어. 날씨를 바꾸는 마법사 비비 때문이야. 결국 텐과 트루님과 십 년 가게는 십 년 가게에서 소풍을 하기로 했어. 시간을 바꾸는 마법을 가진 비비가 너무 장난꾸러기인 것 같아. 다음에는 비비가 십 년 가게에서 장난을 치지 않았으면 좋겠어.

## 방법 2 등장인물을 이해하는 방법

아이들이 책을 읽은 후 등장인물에 대한 글을 쓰는 것도 좋습니다. 예를 들어, 등장인물 평가하기, 등장인물에게 편지 쓰기 등 다양한 활동이 가능합니다. 등장인물이 꼭 사람이 아니라 동물, 식물이라도 상관없습니다.

아이들은 등장인물에 대해 써가면서 그 책을 다시 상기하게 되고, 보다 깊이 있는 이해 속으로 들어갈 수 있습니다. 또한 등장인물의 말과 행동에 공감하면서 본인의 생각을 정리하는 효과도 거둘 수 있습니다. 등장인물을 이해함으로써 다른 사람의 감정도 이해할 수 있어 공감력을 키울 수 있습니다.

등장인물에게 쓰는 글은 크게 어렵지 않습니다. 또 분량 제한도 없어 아이들이 부담 없이 쓸 수 있습니다. 어떤 형식이든 괜찮으니 아이가 자연스럽게 독후활동을 할 수 있게 격려해주세요.

다음은 주인공에게 편지 쓰기와 등장인물을 평가하는 독후활동의 예시입니다.

# 책 주인공에게 편지 쓰기

※ 책 속 주인공을 만나보세요.

책의 주인공에게 편지를 써보세요.
주인공에게 하고 싶은 말,
물어보고 싶은 내용 등 무엇이든 써보세요.

받는 사람

첫 인사말

하고 싶은 말

끝 인사말

쓴 날짜

쓴 사람

《말하는 까만 돌》의 지호에게

지호야, 안녕!

나는 학교에서 선생님이 독서 골든벨을 한다고 해서 《말하는 까만 돌》을 읽게 되었어. 그리고 그 책에서 너를 알게 되었어. 너는 새와 이야기를 나누던데 정말 신기해. 사실 나도 집에서 키우는 강아지와 대화를 하고 싶은데 어떻게 해야 되는지 방법을 잘 모르겠어.

그리고 친구들이 너를 괴롭혀서 많이 힘들고 우울할 것 같아. 나도 학교에서 친구가 많지는 않아. 그래도 나를 괴롭히거나 못살게 하는 친구는 없어서 다행이야. 네가 소나무 숲에서 말하는 까만 돌을 발견해서 이야기를 나눌 때는 정말 신기했어. 어떻게 돌이 말을 할 수 있을까? 친구가 없는 너에게는 참 다행스러운 일이라고 생각해.

그래도 네가 아빠와 사이가 좋아지고, 원래 살던 곳으로 이사를 가게 되어서 나도 기뻐. 전학 가서는 친구들을 많이 사귀고, 행복했으면 좋겠어. 나도 우리집 강아지를 잘 돌봐주고 계속 이야기할 수 있도록 노력할 거야.

그러면 아빠랑 건강하게 잘 지내. 안녕.

# 등장인물 평가하기

※ 이 책에 나오는 (　　　)에 대해 평가해보세요.

긍정적인 부분

부정적인 부분

**장발장에 대해 평가하기**

**긍정적인 부분** 장발장은 한 신부님의 깊은 사랑과 도움으로 자신의 잘못을 뉘우치고 새롭게 태어납니다. 보통 사람은 본인의 잘못을 깨우치거나 반성하기 어려운데 장발장은 스스로 노력하며 이겨냅니다. 또한, 많은 선행을 베풀며 살아가고, 마차에 깔린 노인을 구하는 등 훌륭한 일도 많이 합니다. 특히 평생 자신을 괴롭히며 뒤쫓던 자베르를 위기의 순간 살려 줍니다. 이런 것을 봤을 때 장발장은 분명 큰 사람이며, 배울 점이 많다고 생각합니다.

**부정적인 부분** 장발장은 빵을 훔치다가 잡혔습니다. 물론 굶주린 조카들에게 주기 위해서 그렇게 행동했지만 남의 물건을 훔치는 것은 분명 잘못된 행동입니다. 게다가 조카들이 굶어 죽을 것을 염려하여 계속 탈옥을 시도하다가 19년 동안이나 감옥에 갇혀 있게 됩니다. 아무리 조카들이 걱정되어도 본인이 잘못한 부분에 대해서는 벌을 받는 것이 마땅합니다. 그런데 탈옥을 시도하는 것은 나라의 법을 지키지 않는 행동으로 모두 이렇게 본인의 생각만 할 경우 나라는 혼란스러워질 것입니다.

### 방법 3 기억에 남는 구절을 쓰고 이유 말하기

앞서 1장 '글쓰기도 습관이다' 중 세 번째 주제인 '필사의 힘'에서 필사의 장점 다섯 가지를 이야기했습니다. 필사 노트에 읽은 책의 내용 중 기억에 남는 구절을 쓰고 그 이유도 간략하게 정리하는 것도 좋은 독후활동입니다.

이러한 메모는 본인이 그동안 어떤 책을 읽었으며, 어떤 장면이 인상 깊었는지 일목요연一目瞭然하게 알 수 있습니다. 또한 기억에 남는 구절을 자주 살펴보며 글을 쓸 때 나만의 언어로 재활용할 수도 있습니다. 기억에 남는 구절을 그대로 베껴서 쓰라는 의미가 아니라 표현 방법이나 형식을 참고하여 응용할 수 있다는 의미입니다. 그러면 자연스럽게 글쓰기 능력도 향상되겠지요? 필사 노트는 본인의 든든한 글쓰기 보물 창고와 같은 역할을 하게 될 것입니다.

필사는 어린이뿐 아니라 어른들에게도 유익한 방법입니다. 부모님도 책을 읽은 후 필사 노트에 기억에 남는 구절을 쓴 후 아이에게 읽어주거나 아이와 공유해보면 어떨까요? 아이는 책에서 이 구절이 왜 기억에 남았는지, 부모님은 어떤 생각을 했는지 이야기를 나누면 상대에 대한 이해의 폭도 넓힐 수 있습니다.

물론 가끔은 똑같은 책을 함께 읽고 기억에 남는 구절을 각자 쓴 후 대화하는 것도 바람직한 방법입니다. 크게 어렵지 않은 방법이니 바로 실천해보세요.

## 인상 깊은 책 속 구절 쓰기

※ 인상 깊은 책 속 구절을 쓰고 그 이유를 써보세요.

인상 깊은 구절

이유

**"김용택 선생님이 들려주는 어린이 인성 사전"**

**제목** 후회 / 90쪽

앞 강에서 고기를 잡다가 집으로 돌아온 마을 사람들이 늘 하는 말이 있습니다. "내가 메기를 잡으려고 살살 물속을 더듬는데 글쎄, 이만 한 메기가 손에 잡혔다가 쑥 빠져나가 버렸당게." 그러면서 팔을 쭉 뻗어 겨드랑이 밑에 오른손을 댑니다. 놓친 고기가 팔뚝만 했다는 것이지요. 하지만 그 말을 들은 마을 사람 누구도 그 말을 곧이곧대로 듣지 않습니다. 그 사람이 놓친 고기를 본 사람이 없기 때문입니다.

- 물고기를 잡다가 놓친 장면으로, 후회를 설명한 내용이 재밌었다. 우리 아빠도 낚시를 다녀오시면 항상 저렇게 이야기를 하셨다. 앞으로 나도 최대한 후회하지 않는 삶을 살아야겠다는 다짐을 하게 되었다.

혹은 인상 깊은 장면을 그림으로 나타내고 그 이유를 써보는 방법도 있습니다.

# 떠오르는 장면 그리기

※ 읽은 책의 내용 중에서 인상 깊은 장면을 떠올려 그림으로 나타내보세요.

그린 장면을 간단히 설명해보세요.

### 방법 4 뒷 이야기를 상상해 써보기

우리는 영화나 드라마를 보며 결론에 아쉬움을 느끼는 경우가 많습니다. 왜 주인공은 비극적인 삶을 맞았는지, 어째서 남녀 배우가 헤어지게 되었는지 등 각자 본인의 의견을 피력하며 주변 사람들과 이야기를 나눕니다. 이렇게 결론을 자기 나름대로 재해석하고 창조해내면 작품에 좀 더 몰입하게 됩니다.

우리 아이들의 독후활동에도 위의 사례를 적용할 수 있습니다. 아이들이 책을 읽은 후 뒷이야기를 상상해서 써보는 것입니다. 내가 이 책의 작가라고 생각하며 그 다음 이야기가 어떻게 전개될지 자유롭게 써보는 것이지요. 결론을 다르게 바꿀 수도 있고, 뒷이야기를 새롭게 창작할 수도 있습니다. 또는 책의 마무리 내용으로부터 1년 후의 모습, 10년 후의 모습 등으로 상상해서 쓸 수도 있습니다.

이러한 활동은 아이들의 창의성 발달에 도움이 되고, 표현력과 상상력을 올리는 데도 큰 도움이 됩니다. 아이들은 이러한 창의적 활동을 통해 글쓰기의 욕구와 흥미를 자연스레 키워갈 수 있습니다. 이어질 이야기를 상상하여 내용을 만들다보면, 작품 수용자에서 한발 더 나아가 자신의 생각이나 느낌을 다각적이고 창의적인 관점으로 확대·심화해 나가는 경험을 하게 됩니다.

다만, 이어질 이야기를 만들 때 사건의 흐름이나 등장인물의 성격을 생각하면서 써야 합니다. 너무 개연성 없이 허무맹랑한 이야기가 되지 않도록 주의해야 합니다. 이어질 내용은 막연한 상상보다는 앞 내용과 잘 어울리도록 사건의 흐름을 생각하며, 재미와 감동이 느껴지게 쓰면 더욱 좋다는 조언을 드립니다.

4학년 2학기 국어 1단원 '이어질 장면을 생각해요'의 교사용 지도서에 나온 '이어질 이야기 쓰는 방법'을 참조하면 좋습니다.

**이어질 이야기 쓰는 방법**

- 일이 일어난 차례를 생각하며 쓴다.
- 앞의 내용과 잘 어울리도록 내용을 쓴다.
- 인물의 성격이나 하는 일을 생각해 쓴다.
- 인물이 처한 상황을 고려해 이어질 이야기를 상상해서 쓴다.

4학년 1학기 국어 5단원 '내가 만든 이야기' 중 7~8차시 '이야기를 읽고 이어질 내용을 상상해 쓸 수 있다'의 교과서 내용과 활동입니다. 《초록 고양이》를 읽고 글에서 일어난 일을 정리한 후 뒤에 전개될 내용을 상상하며 써보는 활동입니다.

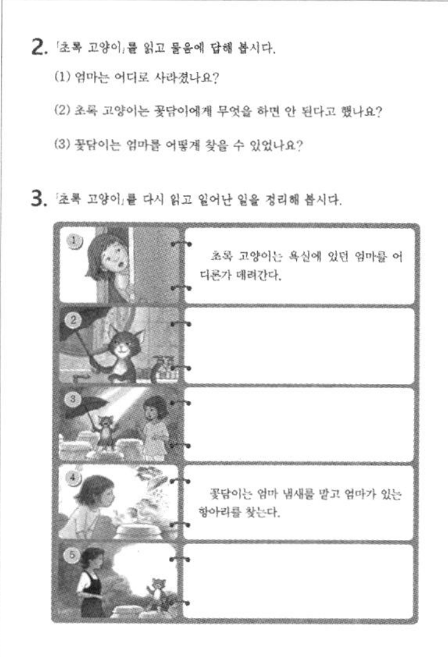

2. 「초록 고양이」를 읽고 물음에 답해 봅시다.

(1) 엄마는 어디로 사라졌나요?

(2) 초록 고양이는 꽃담이에게 무엇을 하면 안 된다고 했나요?

(3) 꽃담이는 엄마를 어떻게 찾을 수 있었나요?

3. 「초록 고양이」를 다시 읽고 일어난 일을 정리해 봅시다.

① 초록 고양이는 욕실에 있던 엄마를 어디론가 데려간다.

②

③

④ 꽃담이는 엄마 냄새를 맡고 엄마가 있는 항아리를 찾는다.

⑤

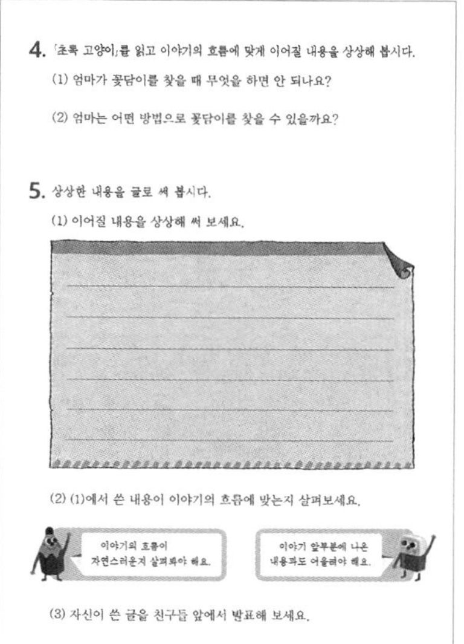

4. 「초록 고양이」를 읽고 이야기의 흐름에 맞게 이어질 내용을 상상해 봅시다.

(1) 엄마가 꽃담이를 찾을 때 무엇을 하면 안 되나요?

(2) 엄마는 어떤 방법으로 꽃담이를 찾을 수 있을까요?

5. 상상한 내용을 글로 써 봅시다.

(1) 이어질 내용을 상상해 써 보세요.

(2) (1)에서 쓴 내용이 이야기의 흐름에 맞는지 살펴보세요.



(3) 자신이 쓴 글을 친구들 앞에서 발표해 보세요.

### "초록 고양이" 이어질 내용 상상해 써보기

꽃담이를 영영 못 찾게 될 수도 있다는 초록 고양이의 말에 엄마는 화가 났어요.
"만일 내가 찾으면 어떻게 할 건데?"
초록 고양이는 노란 장화를 신은 발을 탁탁 구르며 말했어요.
"그야 꽃담이를 집으로 돌려보내 주지요."
화가 난 엄마는 초록 고양이의 말은 듣지도 않고 항아리를 하나씩 깨기 시작했어요. 초록 고양이는 반칙이라며 소리를 질러 댔지만, 엄마는 멈추지 않았아요. 드디어 한 항아리가 깨지며 꽃담이가 나왔어요. 엄마는 꽃담이를 안고 울었어요.

"어쩔 수 없지요. 꽃담이를 데려가세요."
그 말을 하고 사라진 초록 고양이는 빨간 우산과 노란 장화를 남긴 채, 다시는 나타나지 않았답니다. 꽃담이는 그날부터 비가 오는 날이면 빨간 우산에 노란 장화를 쓰고 다닌답니다.

다음은 고정욱 선생님의《가방 들어주는 아이》를 읽고 뒷이야기를 써본 것입니다. 자신이 작가가 되었다고 생각하고 주인공의 미래를 상상하며 써봅니다. 주인공의 1년 후, 2년 후를 그리며 구체적으로 써 보는 것도 좋겠지요.

**《가방 들어 주는 아이》의 뒷이야기 상상해서 쓰기**

3학년 때에도 영택이와 같은 반이 된 석우는 계속 사이좋게 지냈습니다. 2학년 때처럼 늘 영택이의 가방을 들어주며 함께 다녔습니다. 석우가 영택이와 사이좋게 지내니 엄마들도 친구처럼 자연스럽게 친하게 지내며 함께 가족여행을 가기도 했습니다.
3학년 겨울방학 때, 영택이가 다리 수술을 받게 되었습니다. 의학 기술이 발달되어 영택이가 목발 없이 걸어 다닐 수 있게 된 것입니다. 그리고 석우와 영택이는 4학년 때 학교 축구부에 가입하여 축구 선수로 맹활약하게 되었습니다. 그 후 축구 선수로 계속 성장하여, 청소년 대표선수로도 뽑혀서 우리나라를 대표하는 축구 선수로 자라게 됩니다.

# 뒷이야기 써보기

※ 책을 읽고 나서 내가 작가가 되어 뒷이야기를 상상하여 써보세요.

등장인물

줄거리를 요약하세요.

뒷이야기를 꾸며 쓰세요.

### 방법 5 독서 골든벨 문제 만들기

아이들은 학교에서 퀴즈 푸는 것을 좋아합니다. 어떤 과목이든 담임 선생님이 출제하는 문제를 풀고 정답과 오답에 희비가 엇갈리며 집중합니다. 저는 매년 학기마다 2회 학급 아이들과 독서 골든벨을 합니다. 미리 선정한 책을 꼼꼼하게 읽고, 제가 출제한 문제를 푸는 것입니다. 구체적인 진행 방식은 TV 프로그램인 〈도전 골든벨〉과 유사합니다.

아이들은 선정한 도서를 읽은 후 각자 예상 문제를 출제해봅니다. 독서 골든벨이 열리는 날 아침에 아이들은 삼삼오오 그룹을 지어 준비해온 예상 문제를 출제하며 대회를 준비합니다.

가정에서 가족 독서 골든벨을 해보시는 것도 좋습니다. 가족이 함께 책을 읽고 문제를 내며 즐거운 시간을 보냅니다. 실제 학교에서도 아이들은 가끔 다른 친구들에게 본인이 아는 것을 설명하거나 가르쳐 줄 때 보다 적극적인 자세를 보이는 경우가 많습니다. 매주 가족 독서 골든벨을 할 수는 없겠지만 한 달에 한 번 정도 가족 이벤트 차원에서 실시한다면 색다른 독후 활동으로 제격일 것입니다.

## ◦ 독서 골든벨 문제 예시

### 1. 다섯 시 반에 멈춘 시계, 강정규, 해와나무

#### 쉬운 문제

① 주인공의 이름은 무엇인가요? (인규)

② 주인공의 집에서 중학교까지의 거리는 얼마나 되나요? (30리)

③ 여름에 개장한 주인공 동네 해수욕장의 이름은 무엇인가요?

(서포리 해수욕장)

④ 경호의 손목 시계는 누가, 언제 사다 준 것인가요?

(경호의 큰형이 제대할 때)

⑤ 우리 동네 위아랫마을에서 제일 가는 부자는 어느 집인가요?

(방앗간집)

⑥ 주인공과 경호가 다니는 중학교 이름은 무엇인가요? (동포중학교)

⑦ 주인공은 해수욕장에 도착해서 텐트 옆에 오도카니 앉아 있었다. 그리고 시계를 풀어 어떻게 했나요? (허리띠에 찼다.)

⑧ 해수욕장에서 점심을 먹으며 형들은 진갈색 유리병에 든 물을 마셨다. 그 물을 유리컵에 따를 때마다 거품이 일어났다. 형들은 컵을 들어 들이켤 때마다 '어, 시원하다!'를 연발했다. 병에 든 것은 무엇이었을까요? (술(맥주))

⑨ 쌀이 귀하던 시절, 할머니 진지와 내 밥에만 쌀이 섞이고 아버지는 보리밥, 어머니는 어떤 밥을 드셨나요? (감자밥)

⑩ "애비가 좀 더 퍼내구 갈 테니, 널랑 막차 타고 먼저 가려무나. 내는 냄새두 나구 그러니 걸어갈란다. 널랑 기차 타

구 먼저 가려무나." 주인공은 이후 어떻게 행동했나요?

( 아버지와 함께 걸어 왔다. )

**어려운 문제**

① 주인공이 아침 학교 가기 전 똥을 누러 뒷간으로 달려간다. 마음이 급하면 똥도 나오지 않는다. 할머니가 등불을 켜 든 채 뒷간 문 밖에 서 계신다. 한 손에는 무엇이 들려 있나요?

( 도시락이 든 책가방 )

② 주인공이 해수욕장에 가기 위해 경호에게 시계를 빌렸습니다. 그 대신 무엇을 빌려 주었나요?

( 콘사이스(concise : 간편하게 가지고 다닐 수 있는 작은 크기의 사전) )

③ 변소에 빠진 시계를 건지기 위해 주인공이 철물점에서 구입한 물건은 무엇인가요? ( 굵은 철사 )

④ 주인공의 엄마는 인규가 경호 시계를 잃어 버렸는지 어떻게 알게 되었을까요? ( 인규의 일기장을 보셨던 모양이다. )

⑤ 주인공 인규는 일기를 언제부터 쓰기 시작했을까요?

( 초등학교 5학년 때부터 )

⑥ 인규가 시계를 잃어 버린 것을 알고 엄마는 인규를 어떻게 했는지 구체적으로 쓰세요. ( 고무신으로 등을 때렸다. )

⑦ 경호가 새로 산 손목시계의 가격은 얼마인가요?

( 쌀 다섯 말 값 )

⑧ 동포역의 역장님은 해수욕철이라 구린내를 풍길 수 없다면서 해수욕장이 폐장되야 똥을 풀 수 있다고 했다. 폐장의 시기가

언제인가요? (8.15)

⑨ 드디어 똥을 푸러 아버지와 주인공이 함께 가는 길, 기차에 탄 사람들도 똥지게를 지고 똥바가지를 메고 걸어가는 아버지와 나를 이상스럽게 바라볼 것 같았다. "덥쟈?", "아뉴" 그 후 아버지는 주인공에게 어떤 따뜻한 행동을 했을까요?

(밀짚모자를 벗어 내 머리에 씌워 주셨다.)

⑩ 아버지가 똥통을 지고 간다. 길이 기울다 보니 똥지게가 기울고 똥통이 흔들렸다. 주인공은 똥을 길바닥에 쏟지 않게 어떻게 아버지를 도왔나요? (길가에서 풀을 뜯어 똥통 위에 덮었다.)

**2. 소리 질러, 운동장, 진형민, 창비**

**쉬운 문제**

① "소리 질러, 운동장"의 주인공 이름은 무엇인가요? (김동해)

② 김동해는 몇 학년 때 야구부에 들어갔나요? (4학년)

③ 공희주 아빠의 직업이 무엇인지 구체적으로 쓰세요.

(수학 학원 원장)

④ 김동해와 공희주가 캐치볼을 할 때 사용한 공은 무엇인가요?

(테니스공)

⑤ 남나리는 공희주에게 김동해의 어디가 귀엽다고 했나요?

(눈빛)

⑥ 감독님이 막야구부가 운동장을 사용하지 못하게 하자 막야구

부는 회의를 하였다. 회의에 모인 학생들의 숫자는 모두 몇 명인가요? (16명)

⑦ 막야구부의 인원을 늘리기 위해 공희주가 사용한 방법은 무엇인가요? (수학 족집게 문제 10개 알려주기)

⑧ 야구부 주장 강선수가 김동해에게 한 제안은 무엇인가요? (막야구 한판 뜨기(대결))

⑨ 야구부와 막야구부의 경기 결과 점수는 몇 대 몇으로 끝났는지 쓰세요. (7:7)

⑩ 공희주가 막야구부 아이들에게 필요한 운동장은 모두 몇 조각이라고 했나요? (150조각)

**중간 수준 문제**

① 야구부 감독님이 김동해에게 야구부에 나오지 말라고 한 이유는 무엇인가요? (김동해만 보면 혈압이 올라서)

② 남나리의 장래 희망이 무엇인지 쓰세요. (연예인)

③ 공희주가 야구부에 가입하려고 하자 남나리 등의 여자 아이들이 시험을 통과해야 한다고 하였다. 처음 본 시험이 무엇이었나요? (다리 찢기)

④ 남나리 등의 여자 아이들은 사실 야구부가 아니었다. 그럼 무엇이었나요? (여자 응원단)

⑤ 할머니 교장 선생님은 야구부 모집 벽보를 붙이지 못하게 하였다. 그 이유는 무엇인가요?

(도장이 없는 벽보는 붙일 수 없다는 규칙 때문에)

⑥ 막야구 경기에서는 세이프인지 아웃인지 의견이 갈려서 다툼이 나기도 했다. 그때마다 공희주가 달려와서 무엇이라고 말했나요? (야, 됐고! 김동해한테 물어봐.)

⑦ 막야구부 5학년 중 거의 매일 찾아오는 단골 선수들이 3명 있다. 2명만 쓰세요. (잠자리채, 실내화, 빗자루)

⑧ 감독님은 학생 한 명당 운동장 한 조각을 쓸 수 있다고 하였다. 이렇게 말할 때 막야구부의 학생은 모두 몇 명이었나요?

(19명)

⑨ 감독님과 교장 선생님의 대화 중 다음은 무엇을 뜻하는 말일까요? "끼리끼리 몰려다니며 저희들 뱃속 채울 생각이나 하는 좀스럽고 못난 잡놈들" (시정잡배)

⑩ 공희주는 수학 시험 점수가 몇 점 올랐나요? (12점)

**어려운 문제**

① 남나리에 대해 남자애들은 "성질이 더럽지만 얼굴 땜에 다 용서되는 애"라고 했다. 그럼 여자애들은 무엇이라고 했는지 쓰세요. (얼굴만 믿고 재수 없이 나대는 애)

② 막 야구부 아이들이 편을 가를 때 어떤 구호(말)를 하는지 구체적으로 쓰세요. (쫄려도 한 판 뒤집어라, 엎어라)

③ 막야구부는 글러브와 방망이 문제를 깨끗하게 해결하였다. 어떻게 해결하였는지 각각 쓰세요. (야구 모자와 맨주먹으로)

④ 얼마전 시합에서 야구부가 크게 지고 난 다음날, 감독님이 아이들 엉덩이를 방망이로 몇 대 두드려 줄까 폼을 잡을 때 교

장 선생님이 나타나서 "학교에서 아이들을 때리는 건 규칙에 어긋납니다."라고 하였다. 그리고 교장 선생님은 마지막으로 이런 말도 하였다. 무엇인지 쓰세요.

(꽃으로도 아이들을 때리면 안 됩니다.)

⑤ 수학 학원 원장님은 저번에 훌륭한 사람의 조건으로 무엇을 말했나요? (자기가 가진 걸 남과 나누는 사람)

⑥ 공희주가 아빠인 수학 학원 원장님에게 이승엽을 아는지 물었다. 그리고 이승엽 선수가 이야기한 좋은 말씀을 들려주었다. 무엇인가요? (진정한 노력은 결코 자기를 배신하지 않는다.)

⑦ 족집게 문제에는 정답이 없었다. 운동장에 모인 아이들은 어떻게 정답을 확인하였나요?

(아이들의 답이 모두 같으면 정답으로 치고 넘어갔고, 서로 답이 다르면 머리를 맞대고 함께 풀이를 해보았다.)

⑧ 교장 선생님이 월, 수, 금요일 오후마다 규칙적으로 하는 일은 무엇인가요? (학교 담벼락에 붙은 다섯 이랑 텃밭에 물을 주는 일)

⑨ 야구 감독님이 교장 선생님께 "저어, 어른이 한 입으로 두 말하는 것에 대해 어떻게 생각하세요?"라고 묻자 교장 선생님은 무엇이라고 대답했나요? (세상에서 제일 비겁한 일이지요.)

☺ 해피이선생의 글쓰기 조언

## 한 줄 메모 독서록 쓰기

초등 고학년을 제외하고 1~4학년까지 아이들이 읽는 책은 보통 얇은 편입니다. 물론 초등 고학년 중에서도 얇은 책을 보는 아이들이 많습니다. 그래서 어떤 아이들은 하루에 1권의 책을 읽는 경우도 있습니다. 성인들의 경우 1일 1권 독서가 불가능하지만 아이들은 가능합니다. 책의 두께 때문입니다. 이렇게 책 읽는 것은 좋아하지만 형식적인 독서록 쓰기가 귀찮고 싫어서 책에 대한 흥미가 멀어지기도 합니다.

이런 아이들에게는 한 줄 메모 독서록 쓰기가 효과적입니다. 즉, 기존의 독서록 형식에서 과감하게 여러 요소를 빼고 꼭 필요한 부분만 쓰는 것입니다. 예를 들어, '책 읽은 날짜', '책 제목', '가장 기억나는 한 줄은?'을 씁니다. 아이가 책을 읽으며 가장 인상적이며 기억에 남는 한 줄을 메모했다가 독서록에 쓰는 것입니다. 이러한 독서록은 특히 책은 좋아하지만 독서록 쓰는 것을 부담스러워하는 저학년과 중학년 아이들에게 효과적입니다.

가끔 부모님도 아이가 읽은 책을 함께 읽고 어떤 한 줄이 가장 인상적이었는지 서로 이야기를 나누면 아이가 보다 신경 써서 한 줄을 선정하려 고민할 것입니다.

# 5

# 해피이선생 반 아이들의 10인 10색 독서록

저희 반 아이들은 '행복한 책읽기'라는 독서록 과제를 매주 합니다. 독서록은 아이들에게 독서와 글쓰기 능력을 함께 키울 수 있는 효과적인 방법이기 때문입니다. 각자 일주일에 책을 두 권 이상 읽은 뒤 읽은 날짜, 책의 제목, 줄거리 3줄 이상, 책을 읽은 후 생각이나 느낌을 3줄 이상 쓰도록 합니다. 그리고 제가 매주 월요일 확인을 하며 도장을 찍어줍니다.

학교에서 담임선생님이 독서록을 하지 않은 경우에는 가정에서 부모님의 주관 하에 실시해도 됩니다. 그러면 4학년 저희 반 아이들 중 10명의 독서록을 소개하겠습니다. 아이의 독서 지도에 도움이 될 힌트를 찾아보세요.

**김○○**

**① 3. 6. 토요일 / 책 제목: 꼭두랑 꽃상여랑**

**줄거리** 어떤 한 나무와 소녀가 있었다. 소녀는 맨날 나무에게 찾아왔다. 근데 어느날 꽃가마를 타고 시집을 갔다. 세월이 흐르고, 그 소녀는 할머니가 되어 나무를 만나고 죽었다.

**생각이나 느낌** 그 한 소녀가 나무를 떠나서 시집을 간 게 아쉽다. 줄거리에서는 안 나왔지만 나무가 폭탄을 맞고 쓰러진 게 슬프다. 그 아이가 할머니가 돼서 나무를 만나고 돌아가신 게 슬프다.

**② 6. 5. 토요일 / 책 제목: 우주호텔**

**줄거리** 어느날 종이 할머니네 옆에 꼬마가 이사 왔다. 꼬마는 매일 종이 할머니한테 종이를 가져다주었다. 근데 어느날부터 아이가 학교를 다녀서 못 오는 거였다. 할머니는 저번에 싸웠던 혹이 난 할머니에게 가서 심심하면 자기 집에 놀러 오라고 해서 친해졌다.

**생각이나 느낌** 꼬마 아이가 동네에 이사 와서 이 동네에도 웃음꽃

이 필 것 같다. 아이가 학교를 다녀서 할머니를 자주 못 만나니까 속상하다. 혹이 난 할머니랑 종이 할머니랑 화해해서 다행이다.

**김○○**

**① 3. 7. 일요일 / 책 제목: 엄마 자판기**

**줄거리** 신우는 엄마가 없어지면 좋겠다고 생각했다. 다음날 아침 신우는 엄마 방에서 엄마 자판기를 발견했다. 신우는 다양한 엄마를 뽑았다. 신우는 엄마들과 재미있게 놀았다. 마지막으로 자유 엄마와 업기 놀이를 했다.

**생각이나 느낌** 엄마가 불쌍하다고 생각했다. 나는 엄마가 없으면 못 살 거 같은데 신우는 엄마가 없어졌으면 좋겠다고 하니 이해가 안 된다.

**② 7. 10. 토요일 / 책 제목: 말하는 까만 돌**

**줄거리** 지후는 길을 걷다 까만 돌을 주웠다. 문질러보니 돌이 소리를 냈다. 지후는 집에 돌을 놓기로 했다. 줄리 아줌마가 까만 돌이 의미 있는 것이라고 해서 지후는 뜨끔했다. 지후는 밤마다 돌과 이야기했다. 지후와 아빠는 다른 곳으로 이사 가게 됐다. 지후는 자신에게 돌이 필요 없다고 생각했다. 그래서 지후를 괴롭히던 형규한테 주려고 했다.

**생각이나 느낌** 나도 말하는 돌이 있었으면 좋겠다고 생각했다. 말하는 돌이 있으면 심심할 때 같이 이야기를 나눌 수 있기 때문이다. 그리고 나에게 하나뿐인 특별한 친구가 생기기 때문이다.

김○○

**① 3. 10. 수요일 / 책 제목: 나의 라임 오렌지나무**

**줄거리** 주인공인 제제의 집안 형편은 무척이나 안 좋았다. 제제는 언제나 맞기만 했다. 가족, 누나, 아빠, 형한테… 제제는 어린 나이에 큰 쇼크를 받아 죽을 고비를 넘겼다.

**생각이나 느낌** 가족들에게 언제나 맞다니… 내 평생 그렇게 끔찍한 말은 처음 들어본다. 제제가 불쌍한 마음이 책을 읽으면서도, 이렇게 독서록을 쓰면서도 든다. 이 책을 읽고 제제에게는 미안하지만 '우리 가족은 참 좋구나…'라는 생각이 들었다.

**② 7. 8. 목요일 / 책 제목: 기적을 만드는 소녀**

**줄거리** '오로나'라는 아이의 몸에 이포라는 행성에서 온 라솔라 공주가 들어갔다. 둘은 친구(?)가 되었다. 다른 두 행성의 생물이 합체를 하면 강력한 힘이 생기는데 그 힘으로 로나는 전쟁을 벌이지 않고서 아름다운 지구를 가지려는 마스커들을 지구에서 내쫓았다.

**생각이나 느낌** '외계인이 내 몸에 들어간다?' 나는 그다지 썩 기분이 좋지는 않을 것 같다. 왜냐하면 모르는 사람이, 아니 외계인이 내 몸에 들어와 산다는 것은 이상할 것 같기 때문이다. 이 외계인이 어떻게 생겼느냐에 따라 물론 다르지만 말이다. 근데 외계인과 합체하여 특별한 힘이 생긴다? 내 몸에 이상만 가지 않으면 괜찮을 것 같다.

류○○

**① 4. 10. 토요일 / 책 제목: 소나기**

**줄거리** <소나기>는 서울에서 온 소녀와 시골에 사는 소년이 함께 겪는 슬픈 사랑과 시골에서의 즐거운 모험 이야기였다.

**생각이나 느낌** 이 현대소설을 쓴 황순원이라는 작가는 애달픈 사랑 이야기와 즐겁고 신나는 모험 이야기를 함께 들려주고 싶었던 것 같다.

**② 6. 20. 일요일 / 책 제목: 동물농장**

**줄거리** 동물농장의 독재자인 '나폴레옹'이라는 돼지가 자신의 반대파를 농장에서 내쫓고 무작위로 사형을 시킨다. 그리고 동물들에게 금지된 술을 마시고, 여러 가지 변명을 하고 법을 바꾸며 동물들을 노예처럼 부린다.

**생각이나 느낌** 나라면 돼지들이 동물들을 노예처럼 부리면 당장 나폴레옹을 바로 죽이고, 권력에 최대한 빠지지 않고 동물들을 도와주며 살 것 같다. 그리고 무엇보다도 나폴레옹이 수의사에게 말을 데려간다고 하면서 도살업체에 끌려가게 한 것이 제일 서운한 것 같다.

박○○

**① 3. 7. 일요일 / 책 제목: 노인과 바다**

**줄거리** 산티아고라는 노인이 있는데 그 노인이 낚시를 했다가 아주 큰 물고기를 만났는데 그 물고기와 사흘이나 싸움을 했는데 결국 잡았다. 그런데 상어가 나타나 노인이 잡은 걸 빼앗아 먹어서 뼈만 남아서 놀림을 당했다는 이야기.

**생각이나 느낌** 나도 산티아고처럼 큰 물고기를 낚아보고 싶다. 낚시를 하러 갔을 때 우리 형은 고등어라도 잡혔는데 나는 잡는 느낌도 없었다. 그래서 나도 큰 물고기를 낚아보고 싶다.

**② 5. 30. 일요일 / 책 제목: 장군이네 떡집**

**줄거리** 장군이라는 아이가 변비라 똥을 자주 싼다. 하지만 어느 날 장군이네 떡집이라는 곳을 보고 들어가 봤는데 떡이 있어 먹으니까 감정이 바뀌어서 아이들이랑 친해지는 내용이다.

**생각이나 느낌** 나도 그런 떡집에 가서 여러 가지 떡을 먹어 나의 감정 이런 걸 바꿔서 친구들이 더 많아졌으면 좋겠다.

손○○

**① 3. 26. 금요일 / 책 제목: 이제 너랑 안 놀아!**

**줄거리** 하나랑 보미란 애가 있었음. 보미랑 하나가 싸움. 보미랑 하나는 다시 안 봄. 자꾸 계속 생각나서 만나는 곳에 갔는데 없음. 다시 만나서 화해함. 그런 스토리.

**생각이나 느낌** 역시 유치해. 나도 어릴 적 그랬나? 뭐 어린이들은 다 유치한 병아리 등등… 어쨌든 화해해서 정말 다행이다. 싸움은 나쁜 거예요. 어린이 여러분, 따라하지 마세요.

**② 6. 24. 목요일 / 책 제목: 엄마를 팝니다**

**줄거리** 남들이 부러워하는 엄마를 팔겠다는 오스카. 하지만 오스카는 엄마가 이래라 저래라 명령만 하고 동생을 자기보다 사랑한다고 생각한다. 엄마를 사겠다는 고객들을 만나면서 오스카는 엄마의 새로운 모습을 보게 되는 책이다.

**생각이나 느낌** 엄마를 왜 팔까? 나라면 내 동생을 팔았을 것이다. 말도 전혀 안 듣고 고집불통이다. 정말 짜증난다.

이○○

**① 4. 9. 금요일 / 책 제목: 그리스 로마 신화**

**줄거리** 그리스 로마 신화는 로마에서 만들어졌으므로 제우스, 헤라, 포세이돈 등 여러 명의 신들과 인간들의 이야기이다.

**생각이나 느낌** 만화로 표현한 게 재미있고, 신들의 이름이 영어 단어나 받아쓰기보다 더 잘 외워지는 것 같다.

**② 7. 4. 일요일 / 책 제목: 요리하는 돼지 쿡**

**줄거리** 쿡이라는 돼지는 맨날 빈둥거리면서 먹고 싸고 자고를 반복했었는데, TV를 보고 요리를 하기 시작했다.

**생각이나 느낌** 그림을 굉장히 잘 그렸고, 쿡이라는 돼지가 너무 귀엽다. 지금까지 읽어본 책에서는 돼지가 요리하는 장면이 하나도 없어서 놀랐다.

이○○

**① 6. 2. 수요일 / 책 제목: 밥 장군**

**줄거리** 밥 세 솥을 먹어야 되는 밥 장군이 집채만 한 호랑이가 먹으려고 해서 나무로 기어 올라갔다. 무서워서 똥을 쌌는데 호랑이가 떨어지면서 코를 나뭇가지에 꿰어 죽었다.

**생각이나 느낌** 밥 장군은 그때 운이 엄청 좋고, 호랑이가 너무 불쌍하다.

**② 6. 8. 화요일 / 책 제목: 여섯 쌍둥이**

**줄거리** 마지막에 '깊으니 얕으니'를 깊은 바다에 빠뜨렸는데 바닷물이 '깊으니 얕으니'의 무릎밖에 안 차서 사또가 들어갔다가 빠져 죽은 장면이 인상 깊다.

**생각이나 느낌** 사또가 죽은 이유는 너무 무식하고 나쁘게, 백성들이 죽을 듯이 만든 곡식을 빼앗아서 그런 것 같다. 그리고 사또는 왜 맨날 나쁜지 도저히 모르겠다.

**이○○**

**① 3. 13. 토요일 / 책 제목: 괴물한테 편지가 왔어!**

**줄거리** 괴물이 우리집에 온다는 말이 적혀져 있었어요. 남자 아이는 괴물에게 편지를 썼어요. 괴물은 괴물 삼촌에게 보낸 편지였어요. 그 남자 아이 침대 밑에 살고 있었지요. 남자 아이는 괴물을 위해 음식을 준비했어요. 괴물은 목욕을 하며 꼬마 남자 아이의 집을 갈 준비를 하고 있었지요. 괴물이 꼬마 아이 집에 들어왔어요. 꼬마는 공놀이랑 전화 거는 법을 가르쳐줬어요. 많은 것을 배우며 놀았대요.

**생각이나 느낌** 나도 괴물이 쓴 편지를 보고 싶다. 처음 만났을 때는 어색했을 거 같다. 나도 괴물의 진짜 얼굴을 보고 싶다. 괴물과 같이 놀면 어떤 느낌인지도 알고 싶다.

**② 6. 18. 금요일 / 책 제목: 오싹오싹 도깨비 숲**

**줄거리** 멍멍씨네 경단가게에 말썽쟁이 야옹이들이 엿보고 있다. 밤이 되어 말썽쟁이 야옹이들이 경단가게에 몰래 들어와 경단을 만들었다. 근데 경단이 바람을 타고 어디로 날아갔다. 경단가게는 무너졌다. 말썽쟁이 야옹이들은 경단 꼬치를 보고 바람을 따라갔다. 그 바람은 변신술을 배우고 있는 너구리들이었다. 멍멍씨는 말썽쟁이 야옹이들이랑 너구리들에게 일을 시켰다.

**생각이나 느낌** 말썽쟁이 야옹이들이 왜 남의 가게에 들어가 몰래 경단을 만들었는지 궁금하다. 남의 가게에서 몰래 만들지 말고 집에서 만들면 되는데 왜 그랬을까 궁금하다. 멍멍씨는 왜 말썽쟁이 야옹이들을 경찰서에 신고 안 하고 일을 시킨 게 궁금하다. 내가 멍멍씨라면 경찰서에 신고를 했을 것이다. 말썽쟁이 야옹이들처럼 나쁜 짓을 하면 안 되겠다.

홍○○

**① 3. 20. 토요일 / 책 제목: 레오나르도 다빈치**

**줄거리** 다빈치의 작품들 중에서 <모나리자>는 상냥하고 아름다운 미소를 가지고 있다. 그래서 <모나리자> 작품을 보면 사람들 입가에 미소가 번졌다. 레오나르도 다빈치는 화가이면서 과학, 음악, 건축, 수학 등에도 뛰어났던 것은 호기심 때문이다.

**생각이나 느낌** 레오나르도 다빈치의 작품 중에서 <모나리자>를 보니까 마음이 편해지고 평온한 느낌이 든다. 그리고 눈썹이 없어서 왜 그런지 궁금하고 신기했다.

**② 7. 3. 토요일 / 책 제목: 소나기의 유래**

**줄거리** 스님은 동냥을 한 후 절에 가는 길에 너무 더워서 나무 그늘에서 쉬어 가기로 했고, 스님은 날씨가 더워 소도 지쳐 앉은 것을 보고 농부한테 쉬었다 하라고 했다. 농부는 비가 안 와서 걱정이었다. 그런데 스님은 오늘 비가 온다고 해서 스님과 농부는 비가 오는지 안 오는지 내기를 했고, 조금 있다가 비가 오자 농부는 스님에게 소를 주었다. 하지만 스님은 농사할 때 소가 가장 필요하다고 다시 소를 농부한테 주었다.

**생각이나 느낌** 스님은 농부의 마음을 알았는지 소를 다시 주었으니 스님은 배려심이 깊은 것 같다. 나도 스님처럼 사람들을 배려해야겠다. 또 스님은 비가 오는지 장삼을 만져보니 눅눅해서 공기 속에 물기가 많아서 비가 올 것을 알았다. 신기하다. 비가 올 때는 공기 속에 물기가 많아진다는 것을 알았다.

# 4

# 창의력을 키워주는 글쓰기

## 창의 글쓰기의 조건

기본적으로 글쓰기는 나의 생각, 나의 경험을 담은 것이어야 합니다. 하지만 초등학생들은 평소 생각을 어른만큼 깊이 하지는 않겠지요? 어른만큼 경험도 다양하지 않습니다. 그렇기에 아이들에게 글쓰기는 더욱 어렵고 막연한 일이기도 합니다.

창의 글쓰기란 아이들에게 창의성을 키워주려는 목표를 갖고 글쓰기에 임하는 것입니다. 우리 아이들이 살아갈 미래에는 창의력과 상상력이 지금보다 더 강조되는 시대가 될 것입니다. 그동안 우리가 꿈

꿔왔던 것들이 현실화되며, 누가 좀 더 창의적이고 독특한 생각을 하는지, 새로운 시선과 관점을 갖는지가 중요해졌습니다.

글쓰기는 아이들에게 어렵고 낯선 활동입니다. 말하기, 그림 그리기, 운동하기 등은 일반적으로 어렵게 생각하지 않습니다. 구체적인 준비물이 있고, 어떤 활동을 어떻게 해야 되는지 누구나 알고 예측이 가능하니까요. 하지만 글쓰기는 그 범위가 너무 방대하며, 누구에게 어떤 글이 나올지 알 수 없습니다.

창의 글쓰기란 아이들에게 창의적인 주제를 제시하고 그것에 대해 글을 쓰는 것입니다. 그 주제가 어렵거나 손을 못 댈 정도로 생소하지 않습니다. 누구나 평소 일상생활에서 쉽게 접하는 주제이자 자주 생각해왔던 내용입니다. 하지만 평소 깊이 고민해보지 않았고 다양한 관점에서 생각해본 적 없는 주제이기도 합니다. 창의 글쓰기 시간을 통해 그 주제에 대해 깊이 생각해보는 시간을 갖고 자기만의 고민과 생각을 글로 풀어내야 합니다.

창의 글쓰기에는 정답이 없습니다. 대부분 나의 생각을 솔직하게 서술하면 됩니다. 아이들이 다양한 창의 글쓰기를 통해 생각하는 힘, 주제에 대해 글을 서술하는 힘, 어떤 주제가 나와도 글을 완성할 수 있는 힘을 키우게 됩니다. 다른 글도 그렇지만 특히 창의 글쓰기에 대해서는 부모님들께서 아이가 쓴 글에 대해 맞장구를 치며 공감해주어야 합니다.

창의 글쓰기에 적용되는 규칙에는 다음과 같이 네 가지가 있습니다.

첫째, '멈추지 말고 계속 쓰기'입니다. 요즘 아이들은 글을 끝까지 쓰는 것을 힘들어합니다. 평소 스마트폰 화면을 눌러서 짧은 문장을 만들고, 줄임말을 많이 사용하며, SNS 공간에서 댓글을 다는 문화에 익숙해 있기 때문입니다. 학교에서의 글짓기 대회도 대부분 사라졌고, 글 쓸 기회 자체가 적다 보니 긴 호흡의 글쓰기를 어려워합니다.

일단 쓰기 시작했으면 죽이 되든 밥이 되든 끝까지 써야 합니다. 본인의 생각을 완성된 형태의 글로 만드는 연습이 초등 글쓰기의 핵심입니다. 그래서 창의 글쓰기에서는 글을 잘 쓰고 못 쓰고를 떠나 멈추지 말고 계속 써서 글을 완성해야 합니다.

둘째, '구체적으로 자세히 쓰기'입니다. 아이들은 보통 너무 포괄적이고 막연하며 추상적으로 글을 쓰는 경향이 있습니다. 두루뭉술하게 표현하는 것은 좋지 않습니다. 본인의 생각과 느낌을 구체적으로 자세히 쓸 수 있도록 그 방법을 알려주고 격려해줘야 합니다.

셋째, '조건에 맞게 쓰기'입니다. '세 가지 이유를 쓰시오', '장점과 단점을 쓰시오' 등 조건에 맞춰 글을 쓰는 것입니다. 하지만 아이들의 글을 보면 조건에 제시된 대로 쓰지 않고, 장점만 길게 쓰고 단점을 빼먹거나, 세 가지를 써야 하는데 두 가지만 쓰는 경우가 있습니다. 아무리 창의 글쓰기라 해도, 그리고 본인의 생각이나 느낌을 자유롭게 표현하는 게 중요하더라도, 제시된 조건에 부합하는 글을 써야 하는 것은 기본입니다.

넷째, '본인 뜻대로 자유롭게 쓰기'입니다. 아이들의 글을 읽다보면 지나치게 읽는 사람을 의식한 글을 발견하게 됩니다. 물론 누구나 글을 읽는 사람, 즉 독자로부터 자유로울 수는 없습니다. 하지만 글에는 본인의 생각과 주관이 드러나야 합니다. 그러기 위해서는 아이의 글에 대해 지나친 비판이나 평가는 자제하는 것이 좋습니다.

아이들이 글쓰기를 힘들어하는 큰 이유 중 하나가, 글쓰기 주제에 대해 아는 바가 없기 때문입니다. 그래서 처음 보는 주제, 낯선 주제, 평소 전혀 모르는 주제, 생각하기 싫은 주제의 경우 글 쓰는 것을 막막하게 여깁니다. 창의 글쓰기는 아이들에게 익숙한 주제, 할 말이 많은 주제를 제시하여 쓸거리를 만들어주는 게 목적입니다. 글쓰기가 따분하고 어려운 활동이 아니며 재밌는 부분도 있다는 점을 알게 해줘야 하니까요.

창의 글쓰기에서 가장 중요한 점은 읽는 이의 반응입니다. 아이가 쓴 글을 비판하지 말고 감동하며 공감해주어야 합니다. 아이가 쓴 글을 소리 내서 크게 읽도록 하며, 그 글에 대해 '폭풍 칭찬'을 던지고 인정해주는 피드백이야말로 아이의 기를 더욱 세워주는 일입니다.

"우아, 너무 대단하네."

"완전 재밌어."

"너무 기발하고 멋진 생각이야!"

가끔은 창의 글쓰기 주제를 아이들이 직접 정하도록 제안하는 것도 좋은 방법입니다. 저는 학교에서 아이들과 함께 2주일에 한 번 정도 국어 시간에 창의 글쓰기를 합니다. 글쓰기의 주제는 제가 직접 고민하여 선정합니다. 잘 쓴 글, 혹은 함께 공유하며 생각해볼 내용이 있다면 글 쓴 아이의 동의를 얻은 뒤 다 같이 읽어보고 이야기를 나눕니다.

학기 초 창의 글쓰기를 시작할 때에 한숨을 내쉬며 몇 줄 쓰지도 못했던 아이들이 시간이 갈수록 글쓰기 시간에 웃는 표정을 짓고 있으면 이 활동에 보람을 느끼며 흐뭇해집니다. 학교에서 아이들의 모습 중 가장 예쁠 때가 바로 집중해서 글을 쓰며 살짝 미소를 지을 때입니다. 자기도 모르게 글쓰기에 몰입하여 미소가 번질 때 저 역시도 아이의 글에 기대가 되며 이 창의 글쓰기 활동에 뿌듯함을 느낍니다.

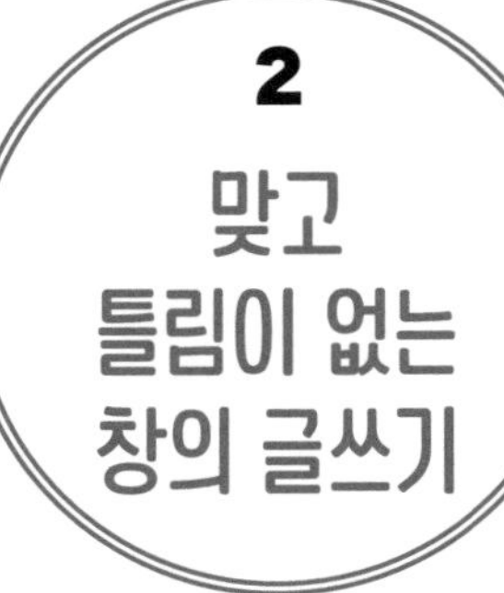


## 열네 가지 주제를 묻다

제가 4학년 아이들과 학급에서 실시한 창의 글쓰기 주제는 열네 가지입니다. 학년에 상관없이 초등학생들이면 누구나 쓸 수 있는 주제입니다. 정답은 없으며, 우리 아이가 주제 하나당 20분 정도의 시간 동안 글을 쓰면 됩니다. 정답이 없으니 맞고 틀린 글도 없습니다.

교사나 부모님은 문법적인 요소에 너무 집중하지 말고, 아이의 글을 있는 그대로 봐주고 공감해주면 됩니다. 또한 아이가 평소 어떤 생각을 하는지도 글을 통해 파악할 수 있으니 대화 소재로 삼아도 좋습니다.

내가 만약 우리 반 담임선생님이라면 3월에 반 학생들과 어떤 활동을 하고 싶은가요? 구체적으로 세 가지를 써보세요.

앞으로 19년 후, 내 나이 서른 살 때 나의 모습은 어떨지 써보세요.
그렇게 생각한 이유도 함께 설명하세요.

이 세상에서 가장 필요한 로봇이 세 가지가 있다면
그것이 어떤 로봇일지 써보세요.

내가 가장 좋아하는 동물과 싫어하는 동물은 각각 무엇인가요?

창의 글쓰기 예시 5

타임머신이 있다면 나는 어느 순간으로 이동하고 싶은가요?
그리고 그 이유를 자세히 쓰세요.

어느 날 나에게 100만 원이 생긴다면
나는 이 돈을 어떻게 사용할 것인지 써보세요.

지금까지 내가 살아오면서 가장 기뻤던 순간과
가장 슬펐던 순간은 언제인지 자세하게 써보세요.

어느 날 하늘에서 비가 아니라 '돈(천 원짜리 지폐)'이 내린다면
어떤 일이 벌어질지 상상하여 써보세요.

열한 살 나의 인생에서 가장 중요한 것이 무엇인지 쓰세요.

어른이 되고 싶나요? 아니면 어린이로 계속 있고 싶나요?
하나를 고르고 그 이유를 세 가지로 설명해보세요.

30년 후 내 나이 마흔한 살이 되었습니다.
그때 열 살짜리 나의 아이가 오이와 당근을 먹지 않습니다.
부모로서 어떻게 할 것인지 구체적으로 써보세요.

우리나라에는 1만 1,600개의 직업이 있습니다.
내가 생각했을 때 이 세상에서 가장 중요한 직업 한 가지는 무엇이며
그 이유를 구체적으로 쓰세요.

단 하루만 투명인간이 될 수 있는 기회가 생겼습니다.
어디에 가서 무엇을 하고 싶은지 구체적으로 써보세요.

훗날 내가 아빠 혹은 엄마가 된다면 나의 아이와
무엇을 하고 싶은지 세 가지를 구체적으로 써보세요.

# 3 해피이선생 반 아이들의 창의 글쓰기

❶ 내가 만약 우리 반 담임선생님이라면 3월에 반 학생들과 어떤 활동을 하고 싶은가요? 구체적으로 세 가지를 써보세요.

**김○○**

내가 만약 담임선생님이라면 첫 번째로 '텃밭 가꾸기'를 해보고 싶다. 두 번째로 우리 반 친구들이 하고 싶은 활동을 뽑기로 정해서 하고 싶다. 세 번째로 재미있는 영화를 보러 가고 싶다.

텃밭 가꾸기를 하면 나중에 텃밭에서 가꾸었던 열매를 따먹을 수 있어서 좋을 거 같다. 그리고 친구들이 하고 싶은 걸 뽑기로 하면 친구들이 좋아할 거 같다. 영화를 보러 가면 국어공부도 될 거 같아서 그렇다.

**해피이선생의 덧붙이는 말**

가장 무난한 글쓰기의 패턴입니다. 글에서 지시하는 내용을 충실하게 쓰고 그 이유를 밝혔습니다. 성인들이 봤을 때에는 기본적인 사항이지만 이렇게 쓰는 아이들이 많지 않습니다. 요구 사항 세 가지를 썼고, 각각의 이유도 충실하게 설명했습니다. 이런 글에서 이유의 타당성까지 요구하는 것은 무리입니다. 우선 아이가 지시대로 썼으면 충분히 칭찬해주어야 합니다.

**홍○○**

내가 만약 담임선생님이라면 첫 번째는 가방 만들기를 할 것이다. 그 이유는 가방을 만들어 들고 다니면 뿌듯하기 때문이다. 두 번째는 고마운 사람에게 편지 쓰기를 할 것이다. 그 이유는 고마운 사람에게 말로 표현을 못 하기 때문이다. 세 번째는 자신의 꿈을 그리기이다. 그 이유는 자기의 꿈이 있어야 하기 때문이다.

이런 활동을 할 것이다.

해피이선생의 덧붙이는 말

이 아이도 요구하는 세 가지 사항을 그대로 썼습니다. 세 가지 활동이 실현 가능한지 창의적인지 등의 여부는 중요하지 않습니다. 기본적으로 글을 쓸 때에는 본인의 생각이나 주장, 그리고 반드시 그에 대한 이유나 까닭, 근거를 함께 쓰도록 강조하며 지도해야 합니다. 물론 학교에서 발표하거나 말하기를 할 때에도 마찬가지입니다. 기본적인 사항이지만 실제로 이렇게 글을 쓰거나 말하는 아이들은 의외로 소수입니다.

❷ 앞으로 19년 후, 내 나이 서른 살 때 나의 모습은 어떨지 써보세요. 그렇게 생각한 이유도 함께 설명하세요.

이○○

나는 약대를 졸업해서 약사가 되었을 것 같다. 그때는 집안 어르신들에게 약을 제공할 것이고, 또 독거노인 같은 사회적 약자에게도 의료 봉사와 기부를 하면서 뿌듯하게 살고 있을 것 같다. 그때는 나처럼 봉사하는 사람이 많아져서 동호회도 가입됐을 것 같다.

해피이선생의 덧붙이는 말

요즘 아이들은 "~같다"라는 표현을 많이 씁니다. 틀린 표현은 아니지만 아무래도 자신감이 부족하고, 본인의 생각이나 주장인데 타인의 의견인 것처럼 느껴집니다. 이 주제는 다른 학년의 아이들에게도 적용 가능합니다.

'내 나이 서른 살이 되면 어떤 모습일지'라는 질문은 아이들의 장래희망과 연결시킬 수 있고, 미래의 상황에 대해 생각해보는 시간도 될 수 있습니다. 아직 아이들은 무궁무진한 꿈을 꾸며 장래희망도 수시로 변하는 시기이기 때문에 이를 응원하며 본인의 꿈을 위해 한발한발 나아갈 수 있도록 격려해주면 됩니다.

**김○○**

내가 30살이 되면 나는 나의 꿈을 이뤘을 거 같다. 꿈을 이루고 나서도 취미가 지금과 비슷할 거 같다. 왜냐하면 나는 꿈을 이루기 위해 노력할 것이기 때문이다. 꿈은 참 여러 번 바뀐다. 1-2학년 때에는 선생님, 3학년 때는 예술가, 바이올리니스트였다. 지금도 나는 아직 꿈이 많다.

**해피이선생의 덧붙이는 말** 본인의 취미가 무엇인지도 간단하게 써줬으면 더 좋았겠지만 그래도 잘 썼습니다. 특히 마무리 문장이 무척 인상적입니다. 본인이 노력해서 결국 꿈을 이룰 것이라는 아이의 생각이 신통하며 예쁩니다.

❸ 이 세상에서 가장 필요한 로봇이 세 가지가 있다면 그것이 어떤 로봇일지 써보세요.

홍○○

첫 번째는 걷는 것을 도와주는 로봇이다. 이유는 걷는 것이 어려운 사람을 도와주면 좋을 거 같기 때문이다. 두 번째는 차가 알아서 운전하는 로봇이다. 이유는 급해서 갈 데가 있는데 늦었을 때 운전을 못 하면 늦기 때문이다. 세 번째는 날아다니는 로봇이다. 이유는 먼 데를 갈 때 차가 막히니까 날아가면 오래 걸리지 않고 빨리 갈 수 있기 때문이다.

해피이선생의 덧붙이는 말

이 아이가 말한 세 가지 로봇은 이미 개발되고 있는 것들입니다. 특히 자율 주행 자동차는 상용화를 눈앞에 두고 있습니다. 세 가지 로봇의 예시 모두 인간의 삶을 보다 편하게 만들어주며 사람을 돕는 로봇이라는 점이 이채롭습니다.

이○○

의사 로봇입니다. 왜냐하면 사람이 아프면 빨리 신속하게 고쳐야 되고, 만약 의사 로봇이 오작동이 나면 안 되니까 프로그램을 제대로 설정해야 합니다. 그 다음은 선생님 로봇입니다. 왜냐하면 아이들이 많이 학교에 오면 대처를 할 수 있게 하기 위해서입니다. 그 다음은 판사 로봇입니다. 왜냐하면 애매한 일도 정확하게 말할 수 있고, 이것도 프로그램을 잘 설정해야 합니다.

**해피이선생의 덧붙이는 말** 대부분 창의 글쓰기 주제는 정답이 없습니다. 그래서 창의적인 글쓰기입니다. 이 아이가 쓴 의사, 선생님, 판사는 아마도 본인이 우리 사회에서 중요하다고 생각하는 직업일 것입니다. 세 가지의 필요한 로봇과 그 이유를 짧지만 아주 잘 썼습니다. 그리고 글 뒤에는 아래와 같이 그림으로 세 가지 직업을 표현했습니다. 꼭 저학년 때의 그림일기가 아니더라도 아이들은 자발적으로 본인이 쓴 글과 어울리는 그림을 그리는 경우가 많습니다. 그럴 때에는 더 많이 칭찬해주시면 좋겠지요.

**❹ 내가 가장 좋아하는 동물과 싫어하는 동물은 각각 무엇인가요?**

**홍○○**

내가 싫어하는 동물은 쥐, 고양이 등이다. 이유는 고양이는 눈빛이 무섭고 발톱도 날카로워서 싫다. 그리고 쥐는 작고 소리가 싫고 좁은 곳에서 숨어 있다가 나오면 깜짝 놀라고 징그럽다.

내가 좋아하는 동물은 다람쥐, 판다이다. 이유는 다람쥐는 도토리를 앞니로 갉아 먹는 것이 귀엽다. 판다는 멸종 위기 동물인데 아기 판다는 대나무 먹는 것이랑 잠을 자는 것이 귀엽기 때문이다.

해피이선생의 덧붙이는 말

이러한 주제도 내가 가장 좋아하는 동물과 싫어하는 동물이 무엇인지 밝히고 그 이유를 쓰면 됩니다. 숫자를 구체적으로 제시하지 않았기 때문에 한 가지를 써도 되고 여러 가지를 써도 무방합니다. 다만, 다수의 아이들은 어떤 동물을 좋아하는지 나열만 하고 그 이유를 쓰지 않은 사례가 많습니다.

**김○○**

내가 가장 좋아하는 동물은 강아지다. 강아지는 보통 충성심이 강하기 때문에 훈련을 시키면 나의 말을 잘 들을 것 같기 때문이다. 내가 가장 싫어하는 동물은 지네다. 지네는 보통 사람들이 그렇듯이 다리가 많아 징그럽고 무섭기 때문이다.

해피이선생의 덧붙이는 말

본인이 좋아하는 동물인 강아지의 그림을 아주 잘 그렸습니다. 좋아하고 싫어하는 동물의 이유를 좀 더 구체적으로 서술했으면 좋았겠지만 괜찮습니다. 그리고 좋아하는 동물의 그림은 그렸지만 싫어하는 동물인 지네의 그림을 그리지 않은 이유가 무엇일까 궁금합니다.

❺ 타임머신이 있다면 나는 어느 순간으로 이동하고 싶은가요? 그리고 그 이유를 자세히 쓰세요.

**김○○**

2350년으로 가보고 싶다. 왜냐하면 2350년에는 교통기관이 어떻게 발달할지, 패션은 또 어떻게 바뀔지 궁금하기 때문이다. 아니면 그 어떤 것도 달라지지 않고 그냥 지구가 멸망할지 궁금하다. 2350년에 지구가 멸망했다면 다시 현재로 돌아와서 지구가 아프지 않도록 조금씩이라도 노력할 것이다. 지금도 지구를 위해 조금씩이라도 노력할 것이다.

해피이선생의 덧붙이는 말

3학년 1학기 사회 교과서 3단원은 '교통과 통신수단의 변화'입니다. 2350년 교통기관의 발달이 궁금하다는 것은 3학년 때 배웠던 사회 시간 내용과 관련 있을 것입니다.

글쓰기는 아는 만큼 쓸 수 있습니다. 그리고 본인의 생각, 경험, 지식의 총체입니다. 아이들의 경우 직접 경험이 부족할 수밖에 없기 때문에 최대한 간접 경험을 많이 쌓아야 하며, 그러기 위한 가장 좋은 방법은 바로 독서입니다.

**김○○**

나는 타임머신이 있다면 미래의 음식을 먹어보고 싶다. 그 이유는 미래에서는 어떤 맛의 음식이 있는지도 궁금하고 혹시라도 미래에는 캡슐 1개에 여러 가지 음식 맛이 날 수 있어서이다.
그리고 할머니가 언제 돌아가시는지 알고 싶다. 그 이유는 할머니가 언제 돌아가실지 알면 더 효도하고 그 사고를 막을 수 있으면 내가 나서서 막고 싶다.
마지막으로 내가 커서 큰 사람이 되는지 궁금하다. 내가 커서 큰 사업가가 된다면 돈을 많이 벌어서 나의 저택과 마당 널찍한 집 한 채를 사서 골든 리트리버랑 고양이 한 마리를 사서 가정을 꾸려서 행복하게 살며 기부도 할 거다.

**해피이선생의 덧붙이는 말**

타임머신을 타고 이동하고 싶은 순간과 이유를 세 가지로 나누어 잘 서술하고 있습니다. 할머니에 대한 지극한 사랑과 장래의 꿈에 대한 서술이 돋보이는 글입니다.

❻ 어느 날 나에게 100만 원이 생긴다면 나는 이 돈을 어떻게 사용할 것인지 써보세요.

**김○○**

나에게 100만 원이 생긴다면 우리나라의 가난한 아동들을 위해 조금씩이라도 기부할 것이다. 그리고 나중을 위해 기부하고 남은 돈을 통장에 넣을 것이다. 왜냐하면 우리나라에는 아직 가난한 아동들이 많기 때문에 조금이라도 기부하면 불쌍한 사람들에게 도움이 될 거라고 생각한다. 그리고 통장에 다 넣은 이유는 만약에 돈을 써야 할 일이 생기면 쓸 것이기 때문이다.

**해피이선생의 덧붙이는 말** 초등학생들은 아직 돈에 대한 정확한 관념이 부족합니다. 그래서 100만 원을 가지고 이것저것 다양하게 써보고 싶다는 아이들이 다수였습니다. 그래도 이 글을 쓴 아이처럼 불우한 이웃을 돕겠다는 아이들이 많아서 읽는 내내 흐뭇했습니다.

**김○○**

코로나19가 없다면 놀이동산에 갈 것이다. 그리고 가족들과 함께 캠핑을 할 것이다. 왜냐하면 오랜만에 가족들과 함께 코로나19 때문에 못 했던 것도 많이 해보고, 좋은 추억도 쌓고 싶기 때문이다. 그리고 캠핑카를 빌려 여행을 떠나고 싶다. 이것을 다 하고 나면 한 40만 원 정도 남을 것이다. 그럼 그 40만 원은 유니세프에 맡겨 아픈 어린이를 도울 것이다.

**해피이선생의 덧붙이는 말** 코로나19의 영향으로 아이들의 일상생활에도 많은 변화가 나타났습니다. 가족 여행도 제한적이고, 학교에서의 외부 활동도 대부분 못 하고 있습니다. 불가피한 상황이지만 코로나가 안정되면 가정에서 아이들과 함께 다양한 체험을 하고 그것을 자연스럽게 글로 써보도록 하면 좋겠습니다.

❼ 지금까지 내가 살아오면서 가장 기뻤던 순간과 가장 슬펐던 순간은 언제인지 자세하게 써보세요.

**김○○**

나의 생일에 가장 기뻤다. 내 생일은 내가 태어난 날이기 때문에 엄마가 최대한 나에게 혜택을 많이 주기 때문에 생일에는 많이 놀 수 있어서 좋다. 그리고 생일 케이크에 촛불을 끄면서 소원을 빌면 정말 이루어질 것 같아 기분이 좋다.

가장 슬펐던 때는 내 생각에는 별로 없지만 엄마한테 혼날 때가 가장 슬펐다. 엄마한테 혼날 때에는 그냥 혼이 나기 때문에 슬픈 것 같다.

**해피이선생의 덧붙이는 말**

어른들도 이 질문에 생각할 시간을 갖고 글을 써보면 좋을 듯합니다. 아이들의 경우 지금까지 짧은 삶을 살았고 경험도 제한적이지만 성인들은 본인의 삶을 반추해보고 앞으로의 인생을 그려본다는 의의가 있습니다. 아이와 함께 위의 주제로 글을 써보고, 번갈아가며 읽은 후 각자의 생각을 이야기해보면 가족 간의 이해의 폭이 넓어지고 좀 더 돈독한 관계로 발전할 수 있습니다.

**류○○**

내가 지금까지 살아오면서 가장 기뻤던 순간은 ppt를 해본 순간이었다. 왜냐하면 ppt를 처음으로 해보았을 때는 복사하고 글씨체도 바꿔보니 재미있었다.
내가 지금까지 살아오면서 가장 슬펐던 순간은 할머니가 돌아가셨을 때다. 할머니가 돌아가셨다는 소식을 들었을 땐 슬펐다.

**해피이선생의 덧붙이는 말**

학교에서 개별 발표를 할 때 그 형식을 정하지 않고 아이들의 자율에 맡겼습니다. 위의 아이는 ppt로 발표를 했는데 그 순간이 가장 기뻤다는 것입니다. 아이의 입장에서는 본인의 발표를 위해 난생처음 ppt를 익혀서 성공적으로 발표를 했을 때 커다란 기쁨과 보람을 느꼈을 수 있습니다. 이처럼 아이들은 성인들의 예상과는 다른 부분에서 감동하며 의미를 부여하기도 합니다.

또한 가족이나 반려동물 등 소중한 존재와의 이별은 누구나 마음 아프고 슬픈 일입니다. 그때의 감정과 기분도 글로 남겨놓으면 훗날 나만의 고유한 추억의 편린으로 자리 잡을 수 있을 것입니다.

❽ 어느 날 하늘에서 비가 아니라 '돈(천 원짜리 지폐)'이 내린다면 어떤 일이 벌어질지 상상하여 써보세요.

**김○○**

하늘에서 천 원짜리 지폐가 떨어진다면 사람들은 직장에 다니지 않아 사람들이 힘들어할 것이다. 돈이 하늘에서 떨어진다면 사람들이 굳이 힘들게 일하지 않아도 되니까 직장에 안 다닐 것이고, 직장에 안 다니면 전기를 만드는 공장, 옷가게 등등의 가게들이 문을 닫을 것이고 사람들은 전기와 옷 등 생활에 필요한 물건들을 얻지 못해 옛날 사람처럼 자연에서 필요한 것을 얻어 생활이 무척 힘들어질 것이다. 결국 돈이 있어도 아무것도 하지 못한다.

해피이선생의 덧붙이는 말

'돈'은 아이들이 좋아하는 주제입니다. 누구나 예상하듯 아이들은 더러운 것(똥, 방구)과 돈, 게임, 먹는 것, 연예인 이야기 등을 좋아합니다. 이 주제에서는 대다수의 아이들이 '돈을 모아서 필요한 무엇을 사겠다', '무엇을 먹고, 어디로 놀러 가겠다'는 글이 다수였습니다. 다소 극단적이지만 위의 아이처럼 생각할 수도 있습니다.

**류○○**

어느 날 하늘에서 천 원짜리 지폐가 내린다면 돈이 많아져서 기분이 좋겠지만 그렇게 된다면 돈이 흔해져서 물건값이 오르는 현상이 발생한다(화폐의 가치가 떨어진다). 그리고 돈은 농작물들이 흡수하지 못해서 농작물들의 종이 점점 사라지기 시작한다. 그럼 방울토마토 한 개의 값이 5억 정도 되는 아주 심각한 문제가 발생할지도 모른다. 그러면 빈부 격차가 심해져서 나라가 아예 망할지도 모른다.

**해피이선생의 덧붙이는 말**

사회 시간에 배웠던 내용이나 평소 책에서 읽은 배경지식을 활용하여 쓴 글입니다. 이 아이는 다른 아이들처럼 '돈'에만 집중하지 않고, 하늘에서 비가 내리지 않으면 식물의 성장에도 커다란 문제가 있음을 생각해서 서술한 점이 탁월합니다. 물론 방울토마토 한 개의 값 5억 원은 지나치지만 그래도 본인이 알고 있는 지식을 적절하게 사용하여 설명을 아주 잘 해주었습니다.

❾ 열한 살 나의 인생에서 가장 중요한 것이 무엇인지 쓰세요.

홍○○

가장 중요한 것은 딱 나의 한 가지이다. 그것은 바로 '가족'이다. 우리 가족은 나, 동생, 엄마, 아빠인데 그 중에서 엄마, 동생이 가장 중요하다. 먼저 엄마는 내가 잘못하면 다시 알려주고 하지 않게 하고, 공부도 가르쳐주고, 나는 엄마만 보면 눈물이 난다. 왜냐하면 엄마는 나 때문에 고생을 하기 때문이다. 그리고 동생은 내가 빌고 빌어서 엄마한테 온 우리 가족 보물이기 때문이다. 그리고 동생은 크면 클수록 내 이야기를 더 잘 들어주고 나를 찾는 모습이 너무 귀엽기 때문이다.

해피이선생의 덧붙이는 말

나의 인생에서 가장 중요한 것을 물어봤을 때 가족 또는 부모님이라고 쓴 아이들이 다수였습니다. 충분히 예측 가능한 글입니다. 하지만 이 아이는 그 이유를 탁월하게 풀어내고 있어서 소개합니다. 아쉬운 부분은 소중한 가족 중 아빠가 빠져 있다는 점입니다. 분량의 제한으로 빼먹었는지, 아빠는 소중하지 않다고 느끼는지 문득 궁금해집니다.

**이○○**

열한 살 인생에서 가장 중요하다고 생각한 것은 '나의 판단'이라고 생각한다. 왜냐하면 1, 2, 3학년은 저학년이라서 옷, 공책 등 거의 대부분 엄마들이 골라주지만 4학년이 되면서 엄마들은 "니가 골라"라고 말한다. 그런데 이때 판단력이 없으면 괜히 이상한 걸 고르거나 못 고를 수 있다. 그러면 5학년이 되고 6학년이 되면서 점점 우유부단해질 거고 어른이 되어서도 집이나 생활에 필요한 것들을 못 고른다.
그래서 열한 살 인생에서 가장 중요하다고 생각한 것은 '나의 판단'이라고 생각한다.

**해피이선생의 덧붙이는 말**

기발하게 잘 썼습니다. 앞서 소개한 아이처럼 내 인생에서 가장 소중한 것으로 대부분의 아이들이 '가족'을 썼는데 이것은 미리 짐작할 수 있는 결과입니다. 글쓰기에서는 누구나 예상할 수 있는 뻔한 글보다는 남들과 다른 글, 창의적인 글이 차별화됩니다. 물론 그렇다고 해서 주제와 관련 없는 내용을 서술하거나, 질문에 전혀 맞지 않은 엉뚱한 글은 오히려 감점이 될 수도 있습니다.

이 아이는 '나의 판단'이라고 꼽은 내용도 좋았고, 그에 대한 보충 설명도 충실하게 잘 서술했습니다. 이러한 글을 쓰려면 성급하게 쓰기보다는 미리 충분하게 고민하고, 폭넓게 생각하며 진지하게 접근하는 자세가 필요합니다.

⑩ 어른이 되고 싶나요? 아니면 어린이로 계속 있고 싶나요? 하나를 고르고 그 이유를 세 가지로 설명해보세요.

김○○

나는 어린이가 좋다. 왜냐하면 어릴 때는 직장에 안 다녀도 되니까 직장을 다니면 스트레스를 많이 받고 직장이 점점 싫어질 것 같다. 그리고 어린이는 몸이 자유롭다. 어른들은 아침에 꼭 직장에 가지만 우리 어린이는 주말과 쉬는 날, 방학이 있어서 좋다. 그냥 그냥 어린이가 좋다.

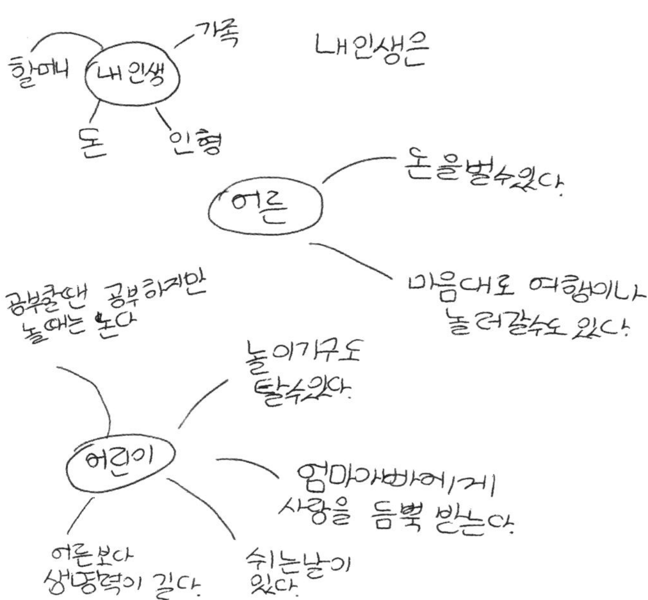

**해피이선생의 덧붙이는 말** 어떤 글이든 쓰기 전 '개요 짜기'를 하면 참 좋습니다. 개요는 건물을 지을 때의 설계도와 같은 역할을 합니다. 건물을 지을 때 설계도 없이 짓는 것을 상상할 수 없는 것처럼 글쓰기에서도 개요 짜기는 반드시 필요합니다. 하지만 대부분 아이들은 글을 쓸 때 개요를 짜지 않습니다. 그 작업이 귀찮고 번거롭게 여겨지기 때문입니다.

위의 아이는 어른과 어린이로 나누어 쓸 내용을 정리했습니다. 아이들에게 개요 짜기의 중요성을 계속 강조하며, 어떤 글이든 사전에 개요를 짜야 된다는 점을 지속해서 이야기해줘야 합니다.

**이○○**

나는 어린이가 좋다. 왜냐하면 어른이 되면 주름이 많이 생겨나지만 어린이는 주름이 조금밖에 없다. 그 다음은 날렵하고, 체력이 좋다. 어른들은 놀이공원에 가면 바이킹이나 어린이 롤러코스터를 타면 어지럽다고 말하지만 어린이는 신난다고 한다.
마지막은 좀 더 많은 경험을 할 수 있다. 현재 많은 것들이 세워지고 무너지며 새로운 경험들을 많이 할 수 있기 때문이다. 이 이유들 때문에 어린이가 좋다.

**해피이선생의 덧붙이는 말** 위의 주제처럼 두 가지 중 하나를 선택하여 글을 써야 할 경우, 본인의 선택 사항을 먼저 밝히고 그 이유와 나머지 사항을 서술하면 됩니다. 대부분 아이들이 어른보다는 지금처럼 어린이로 살고 싶다고 말합니다. 저 역시도 예전 어릴 때가 더 좋았다는 생각이 듭니다.

⑪ 30년 후 내 나이 마흔한 살이 되었습니다. 그때 열 살짜리 나의 아이가 오이와 당근을 먹지 않습니다. 부모로서 어떻게 할 것인지 구체적으로 써보세요.

**이○○**

나의 아이가 오이와 당근을 안 먹으면 나는 오이와 당근의 이야기를 들려줄 거다. 다른 친구들은 키가 작고 몸이 튼튼하지 않은데 오이와 당근은 키가 크고 몸이 튼튼하다는 이야기를 해줘서 오이를 먹으면 키가 커지고, 당근을 먹으면 몸이 튼튼해져서 아이가 먹을 거 같다.

그리고 몰래 주스에 오이와 당근을 넣어 주스를 맛있게 만들고 아이에게 주면 맛있다며 주스를 많이 먹어서 오이와 당근이 좋아질 것 같다.

**해피이선생의 덧붙이는 말**

만약 편식하는 아이가 있다면 이러한 주제의 창의 글쓰기를 통해 아이가 스스로 본인의 문제를 느껴보도록 하는 것도 좋습니다. 대부분 몰래 주스에 넣거나 잘게 썰어서 요리에 추가한다는 내용이 많았는데, 오이와 당근의 이야기를 들려준다는 부분이 특이했습니다.

**김○○**

내가 41살이 됐을 때, 나의 아이가 몸에 좋은 오이와 당근을 싫어한다 하면 나는 공감해줄 것이다. 여기서 내가 생각하기로 우리 아이가 당근과 오이를 싫어하는 이유는 당근과 오이가 채소라고 생각해서인 것 같다.

그리고 오이와 당근에 대한 공부를 해 볼 것이다. 나이에 따라 난이도가 달라지겠지만 당근과 오이가 왜 우리 몸에 좋은지, 당근과 오이가 우리에게 어떤 영향을 주는지, 당근과 오이가 없으면 무슨 일이 일어날지 알아볼 것이다.

그리고 마지막으로 당근과 오이로 여러 가지 맛있는 요리를 해 내 아이가 당근과 오이와 친하며 친해지게 할 것이다. 오이팩도 하고 말이다. 그러면 아이가 오이와 당근을 잘 먹을 것 같다.

**해피이선생의 덧붙이는 말**

아이와 대화할 때의 가장 기본은 '공감'입니다. 위 아이는 첫 문장이 다른 아이들의 글과는 다르게 아주 신선하게 여겨졌습니다. 세 가지 방법도 나름 체계적으로 잘 서술하였습니다.

⑫ 우리나라에는 1만 1,600개의 직업이 있습니다. 내가 생각했을 때 이 세상에서 가장 중요한 직업 한 가지는 무엇이며 그 이유를 구체적으로 쓰세요.

김○○

내가 가장 중요하다고 생각하는 직업은 '의사'이다. 물론 경찰도 중요하고, 대통령도 중요하고, 판사도 중요하지만 의사라는 직업이 없다면 병을 치료할 수가 없기 때문이다. 병을 치료할 수가 없다면 사람들이 전부 죽고 없어서 전 세계가 멸망할 수도 있다. 그러니 의사라는 직업은 꼭 필요하다.

**해피이선생의 덧붙이는 말**

아이들이 학교에서나 가정에서나 코로나의 영향을 직접 받다보니 의사라는 직업을 쓴 아이가 가장 많았습니다. 사실 어느 직업이든 중요하지 않은 것은 없습니다. 모두 존재 가치가 있고, 우리 사회를 유지·발전시키는 데 꼭 필요합니다. 이 주제에서는 어떤 직업을 선택하느냐보다 그 이유를 어떻게 풀어나가는지를 더 중점으로 두고 있습니다.

다만, 직업을 한 가지만 고르고 서술해야 하는데 이때 두 가지를 쓰거나 세 가지를 쓰는 건 안 됩니다. 아무리 자유로운 창의 글쓰기라 하더라도 글쓰기의 기본은 제시된 주제와 조건에 맞추어 충실하게 서술하는 것입니다.

이○○

사실상 이 세상 모든 직업이 다 중요하긴 하다. 그 중에서 제일 중요한 것을 고르라면 나는 '부모'를 고를 것이다. 왜냐하면 이 세상에 부모가 없어지면 인류의 수는 늘어나지 않을 것이다. 사랑을 하고 아기를 낳지 않으면 사랑과 아기라는 단어는 없어질 것이고, 이 세상은 황폐해질 것이다. 그렇기 때문에 나는 부모를 골랐다.

해피이선생의 덧붙이는 말

'부모'를 직업으로 봐야 하는지 애매할 수는 있습니다. 하지만 다른 아이들과는 다른 생각과 관점에서 접근한, 상당히 창의적인 글입니다. 의사, 소방관, 경찰, 교사 등은 누구나 예측 가능합니다. 이런 주제일수록 보다 깊이 숙고하고 고민해서 다른 사람과 다른 글을 쓸 수 있어야 합니다.

⑬ 단 하루만 투명인간이 될 수 있는 기회가 생겼습니다. 어디에 가서 무엇을 하고 싶은지 구체적으로 써보세요.

김○○

내가 투명인간이 됐을 때 어디로 가서 무엇을 하고 싶냐면, 방송국에 가서 연예인들을 직접 만나보고 싶다. 내가 연예인들을 가까이서 보아도 난 투명인간이니까 어차피 보이지 않을 것이다. 내가 연예인들 옆에서 걸어가고 있어도 나는 투명인간이니까 옆에서 걸어가고 있다는 것을 알지 못할 것이다. 그리고 내가 투명인간이 되었을 때 연예인들의 얼굴을 보고 진짜 예쁜지 멋진지를 알 수 있다. 이런 이유들 때문에 나는 투명인간이 되었을 때 방송국에 가서 연예인을 만나고 싶다.

해피이선생의 덧붙이는 말

투명인간은 지금의 성인들이 예전 어릴 때 많이 상상해보곤 했던 주제이자 TV 프로그램에서도 자주 등장하던 주제입니다. '이성의 목욕탕에 들어간다', '은행에 가서 돈을 털어 온다' 등은 예전이나 지금이나 많이 나오는 대답입니다. 방송국에 가겠다는 대답도 무난한 글인데요. 요즘 아이들이 방송과 연예인에 지대한 관심이 있어서인지 비슷한 글들도 많았습니다.

류○○

내가 투명인간이 된다면 나는 투명인간인 채로 38선을 몰래 넘어서 북한 땅에서 버스를 타고 금강산에 가서 유람을 한번 해보고 싶다. 이유는 지금 남과 북이 분단된 상태라 남한 사람은 북한 땅을 밟아보지도 못했기 때문이다. 또한 조선시대 제주 상인 김만덕이라는 인물이 가보고 싶다고 한 역사적 관광지이기 때문이고, 마지막으로 실제로 금강산 사진도 나는 보지 못해 사진이라도 찍어 가족에게라도 보여주고 싶기 때문이다. 이와 같은 이유로 나는 북한 땅에서 금강산 유람을 해보고 싶다.

**해피이선생의 덧붙이는 말**

요즘 초등학생들은 예전에 우리 국민들이 북한의 금강산으로 관광을 갔었다는 사실을 잘 모릅니다. 현대그룹이 추진한 대북 관광사업으로 1998년 11월부터 여객선과 육로를 통한 금강산 관광이 가능했습니다. 그러다가 2008년 7월 11일 북한군의 총격으로 일반인 관광객이 사망하며 관광이 전면 중단되었습니다. 지금 초등학생들은 2009년생부터 2014년생까지 해당되니 충분히 모를 수 있습니다.

그렇기에 투명인간이 되어 금강산에 가보고 싶다는 이 의견이 더욱 특이할 수밖에 없었습니다. 금강산 관광을 가고 싶은 이유와 관련해서는 평소 자신이 갖고 있던 배경지식을 활용하여 적절하게 서술하고 있습니다. 향후 남북 관계가 호전되어 금강산 여행이 다시 가능해진다면 아마 아이들의 글쓰기 소재도 더욱 폭넓게 늘어날 수 있겠지요.

⑭ 훗날 내가 아빠 혹은 엄마가 된다면 나의 아이와 무엇을 하고 싶은지 세 가지를 구체적으로 써보세요.

**이○○**

나는 아이를 꼭 똑똑하게 키우지 않고 경험을 많이 쌓는 아이로 키우고 싶다. 그래서 나는 어른이 돼서 거의 가보지 않을 곳을 데려갈 것이다.

먼저 키자니아에 데려갈 것이다. 이곳은 어른이 돼서도 많이 가겠지만 한 마디로 직업을 선택할 수 있는 곳이라 말할 수 있다.
그리고 사탕 공장에 가보고 싶다. 이유는 내가 아이와 사탕을 만들며 추억을 쌓고 싶기 때문이다.
그 다음은 로봇 공장에 가고 싶다. 이유는 미래에는 로봇이 많이 사용되니 로봇 공장에 가서 로봇에 잘 적응할 수 있기 때문이다.

**해피이선생의 덧붙이는 말**

이런 주제의 글쓰기를 각 가정에서 써보게 한다면 우리 아이가 부모님께 무엇을 원하는지 간접적으로 파악할 수 있습니다. '경험을 많이 쌓는 아이'로 키우고 싶다는 첫 문장이 상당히 인상적입니다. 그 이후의 세 가지 내용은 무난합니다.

**홍○○**

세 가지 중에서 내가 엄마가 되면 첫 번째로 하고 싶은 것은 수영장에 가는 것이다. 왜냐하면 내가 물놀이를 좋아하기 때문에 아이도 재미있는 경험을 만들어주고 싶기 때문이다.
그리고 두 번째는 키즈 카페이다. 왜냐하면 집 앞 놀이터보다 더 크고 놀 것이 더 많이 있으니 더 좋아할 것 같다. 아이가 좋아하는 모습을 보면 나도 기분이 좋을 것 같기 때문이다.
세 번째는 캠핑이다. 왜냐하면 어린이들은 거의 놀러 다니는 것을 좋아하는 것 같다. 내 생각일 수도 있지만, 아이도 놀러가는 것을 좋아하면 캠핑을 가고 싶다.

**해피이선생의 덧붙이는 말**

세 가지 모두 아이와 함께 경험하고 즐길 수 있는 활동입니다. 크게 어렵지 않은 활동들이니 부모님들께서 아이의 요구를 파악해서 하나씩 실천하면 좋겠습니다. 물론 그러한 활동을 같이 한 후에는 어떤 생각과 기분이 들었는지 가볍게 글을 통해 정리하는 시간을 갖습니다. 가정에서도 충분히 실천할 수 있는 내용입니다. 가족 행사를 글쓰기와 연결시켜 습관화하면 가족 간의 유대감도 올라가고, 글쓰기 실력도 올라가니 두 마리 토끼를 모두 잡는 일 아닐까요?

5

# 학년마다 글쓰기 종류가 달라야 하나요?

## 학년별·과목별 글쓰기

# 1 그림일기에서 논설문까지

## 학년별 글쓰기

초등학교에서 학년별로 해야 하는 글쓰기가 딱 정해진 바는 없습니다. 하지만 국어과 교육과정의 내용과 아이들의 성장, 발달 과정을 종합해봤을 때 학년마다 어떤 글쓰기를 하는 것이 좋겠다는 판단은 내려집니다. 그 내용은 다음과 같습니다.

1학년: 그림일기 쓰기

2학년: 일기 쓰기

3학년: 생활문 / 편지 쓰기

4학년: 독서 감상문 / 제안하는 글쓰기

5학년: 설명문 / 기행문 쓰기

6학년: 논설문 / 시 쓰기

### 1학년 그림일기 쓰기

저학년 때에는 일기 쓰기가 중요합니다. 일기는 아이들이 초등학교에서 처음 접하게 되는 구체적인 글쓰기 방법입니다. 어느 지역, 어느 학교의 선생님이든 학생들에게 일기 쓰기를 강조하며 주의 깊게 지도합니다. 그 구체적인 특징과 유용성에 대해서는 앞서 2장의 내용을 참고하면 됩니다.

일기는 자기 자신의 생활을 되돌아보고 의미 있는 일화를 기록하며, 자신의 생각이나 느낌을 소중히 간직하는 글입니다. 이를 통해 학생들은 자기 자신은 물론 타인 및 사회에 대해 깊이 있는 이해를 할 수 있게 되고, 자신이 가진 소질과 흥미를 발견할 수도 있습니다.

일반적으로 1학년 1학기 때에는 글쓰기 자체를 많이 시키지 않습니다. 그래서 1학년 1학기 국어 교과서의 세부 단원을 봐도 글쓰기에 대한 내용은 거의 없고, 한글의 기초, 책 읽고 글 쓸 때의 바른 자세 등이 주로 나옵니다.

### • 초등학교 1학년 1학기 국어 교과서 단원별 학습 목표 체제

| 단원명 | 단원 학습 목표 | 필요 역량 |
|---|---|---|
| 1. 바른 자세로 읽고 쓰기 | 바른 자세로 낱말을 읽고 쓸 수 있다. | 공동체,<br>대인 관계 역량 |
| 2. 재미있게 ㄱㄴㄷ | 자음자를 안다. | 공동체,<br>대인 관계 역량 |
| 3. 다 함께 아야어여 | 모음자를 안다. | 의사소통 역량 |
| 4. 글자를 만들어요 | 글자를 읽고 쓸 수 있다. | 의사소통 역량 |
| 5. 다정하게 인사해요 | 알맞은 인사말을 할 수 있다. | 공동체,<br>대인 관계 역량 |
| 6. 받침이 있는 글자 | 받침이 있는 글자를 읽고 쓸 수 있다. | 문화 향유 역량 |
| 7. 생각을 나타내요 | 문장을 읽고 쓸 수 있다. | 비판적·창의적<br>사고 역량 |
| 8. 소리 내어<br>또박또박 읽어요 | 문장부호를 생각하며<br>글을 띄어 읽을 수 있다. | 자료,<br>정보 활용 역량 |
| 9. 그림일기를 써요 | 겪은 일을 떠올려 그림일기를<br>쓸 수 있다. | 자기 성찰,<br>계발 역량 |

1학년 1학기 마지막 단원에서 그림일기가 나오는 것을 확인할 수 있습니다. 그래서 초등 1학년 아이들에게는 여름방학부터 그림일기 쓰는 것을 강조하며 이를 직접 실천하게 해야 합니다. 물론 2학기 때에도 꾸준하게 그림일기를 쓰면 됩니다. 그림일기의 형식이나 완성도

보다는 겪은 일에 대한 자신의 생각을 표현할 수 있도록 해야 합니다. 무엇보다 있었던 사실만 쓰지 말고 자신의 기분과 생각 등을 자세히 써서 자기만의 글이 될 수 있도록 지도할 필요가 있습니다.

국어 교사용 지도서 1학년 1학기 335쪽의 '그림일기의 완성도'를 보면 다음과 같은 내용이 있습니다.

> 실제로 그림일기를 처음 쓰는 학생들은 그림의 완성도와 글의 분량에 대해 가장 많이 궁금해하고, 그림이나 글에 대해 명확한 기준을 얻지 못해 어려워하는 경우가 많다. 또 그림의 채색 도구에 대해서도 고민하는 경우가 많다.
>
> 이럴 때에는 그림의 채색 도구는 자유롭게 하고, 그림은 스스로 만족하면서 친구들에게도 자랑스럽게 보여줄 수 있을 정도의 완성도를 유지하도록 안내한다. 그리고 글은 있었던 일을 잘 나타내고 자신의 생각이나 느낌이 짧게 들어가면 되는 정도로 안내해 그림일기 쓰기의 부담을 줄여주는 것이 좋다.

### 2학년 일기 쓰기

2학년 때에는 그림일기가 아니라 그냥 일기를 쓸 수 있어야 합니다. 대부분 저학년들은 모든 글이 일기화 되는 경향이 있습니다. 물론 접해본 글의 종류가 적고, 주로 일기가 익숙하기 때문에 나타나는 현상일 것입니다.

또한 생각이나 느낌을 쓸 때 단순한 감정 표현을 주로 사용합니다. '좋았다, 나빴다' 등으로 나타내며, 사실의 나열도 제대로 안 되는 경우가 많습니다. 그렇더라도 크게 탓하거나 지적할 필요는 없습니다. 이때에는 아이들이 꾸준하게 일기를 쓰면서 글 쓰는 행위를 낯설어하지 않도록 느끼는 게 가장 중요합니다.

국어 교사용 지도서 1학년 2학기 333쪽의 '일기의 글감 고르기'를 보면 다음과 같은 내용이 있습니다.

> 저학년 학생들은 자신의 겪은 일을 다른 사람, 특히 선생님께 말하고 싶어 한다. 일상의 사소한 일도 재미있어하거나 억울해하면서 말한다. 하지만 글감을 고르라고 하면 어려움을 느낀다. 선생님께 종알종알 말하고 싶은 내용이 모두 좋은 글감이 된다는 것을 알려주면 글감 찾기를 조금 수월하게 할 수 있다.
>
> "그거 일기로 쓰면 아주 좋겠구나"라는 교사의 말 한마디가 일기의 글감을 고르는 눈을 키워줄 수 있다.

### 3학년 생활문 / 편지 쓰기

3학년 때에는 생활문을 많이 쓰게 됩니다. 생활문이란 내가 일상생활에서 겪은 일을 쓰는 것입니다. 물론 일기도 생활문에 포함됩니다. 2학년 때의 일기가 주로 '나는 오늘~', '오늘 나는~'으로 시작한다면, 3학년 때의 생활문은 학교에서 체육 시간에 있었던 일, 급식 먹을 때

있었던 일, 학원에서 친구와 다퉜던 일, 집에 오며 길에서 본 고양이 등 좀 더 구체적이고 자세하게 나의 일상에 대한 생각이나 느낌을 쓰는 것입니다.

저학년 때의 일기가 주로 내가 경험한 사실의 나열이라면, 3학년 때의 생활문은 사실과 함께 그것에 대한 나의 생각과 느낌을 많이 쓰는 것입니다. 생활문 쓰기를 통해 아이들은 나의 주변을 돌아보며 본인의 생각을 정리하고 가다듬을 수 있습니다.

3학년 2학기 국어 교과서 3단원은 '자신의 경험을 글로 써요'이며, 아래는 교사용 지도서의 단원 개관 내용 중 일부입니다.

> 이 단원은 자신의 인상적인 경험을 되돌아보고 글을 쓰는 것이 목적이다. 쓰기는 자신의 내면을 표현하는 의사소통 활동이다. 이 단원에서는 자신의 경험에서 인상 깊은 일을 찾고, 그것을 글로 표현해봄으로써 자신을 표현하는 글을 써보는 경험을 할 수 있도록 했다.
> 이 단원의 활동으로 학생들은 자신이 경험한 일을 다양한 관점에서 되돌아보고 바르게 글로 표현하는 능력을 기르게 된다. 이 과정에서 학생들은 자기 정체성을 확인하고 이해할 수 있으며, 자기 표현적 글쓰기 능력을 신장할 수 있다.

그런가 하면 3학년 때에는 편지 쓰기를 하도록 합니다. 3학년 1학기 국어 교과서 4단원은 '내 마음을 편지에 담아'입니다. 다음은 교사용 지도서의 단원 개관 내용 중 일부입니다.

> 이 단원에서 학생들의 일상생활과 관련해 '감사, 칭찬, 격려, 축하, 사과' 등의 생각이나 느낌을 다루고, 여러 가지 마음을 표현한 편지글을 통해 마음을 나타내는 말을 익힐 수 있도록 한다. 그리고 마음을 표현한 글을 읽으면서 글에 드러난 글쓴이의 마음을 파악하는 활동을 한다. 그 다음에 마음을 표현하는 편지를 쓰는 방법을 익히고 편지를 직접 써보는 활동을 한다. 이 단원의 활동으로 학생들은 편지로 마음을 주고받음으로써 자신의 마음을 표현하는 정서적 표현 능력을 키우고 다른 사람과 긍정적인 관계를 형성할 수 있게 될 것이다.

편지를 쓸 때엔 전하고 싶은 마음을 담아 쓰는 것이 중요하므로 맞춤법, 문장부호 등을 강조하지 않습니다. 또한 마음의 표현을 다른 사람에게 전하기 위해서는 특히 읽는 사람을 고려해서 써야 하는 건 당연한 일이겠지요. 솔직하고 진솔한 편지를 쓰려면 전하고 싶은 마음을 드러내는 표현을 사용하며, 그때 자신의 생각이나 느낌을 자세히 쓰도록 합니다.

편지의 형식도 갖추어야 하겠지요? 편지의 형식은 '받을 사람 → 첫인사 → 전하고 싶은 말 → 끝인사 → 작성 날짜 → 보내는 사람' 순서입니다. 아무래도 요즘 아이들은 이메일이나 카카오톡 등에 익숙해져서 평소에 편지 쓸 일이 거의 없습니다. 그래서 어버이날, 스승의날, 부모님이나 가족의 생일 등 특별한 날에는 꼭 편지를 쓰도록 권유해주시기 바랍니다.

편지 쓸 때 유의해야 하는 사항은 편지의 기본 형식을 지키며, 받는 대상에 따라 예의를 갖추어 써야 한다는 점입니다. 또한 하고 싶은 말이나 내용이 정확하게 전달되도록 생각이나 느낌을 자세히 쓰며, 글씨를 바르게 쓰고 띄어쓰기 오류나 오탈자가 생기지 않았는지 유념합니다. 만약 컴퓨터의 워드 프로그램으로 작성할 때에라도 되도록 서명은 직접 손으로 쓰는 것이 좋겠지요.

### 4학년 독서 감상문 / 제안하는 글쓰기

4학년이 되면 독서 감상문을 주로 씁니다. 독서 감상문은 일기와 더불어 초등학교 현장에서 수시로 활용하는 글쓰기의 한 형태입니다. 아이들은 자신이 읽은 책을 정리하며 다시 한번 책의 내용을 떠올려 보면서 이를 장기 기억으로 전환시킬 수 있습니다. 독서 감상문의 구체적인 특징과 내용은 앞서 3장을 참고하면 됩니다.

4학년 2학기 국어 교과서 7단원은 '독서 감상문을 써요'입니다. 이에 해당하는 교사용 지도서의 단원 개관 내용 중 일부입니다.

이 단원은 책을 읽고 글에 대한 자신의 생각이나 느낌을 여러 가지 형식으로 표현하는 것이 목적이다. 단원의 주요 학습 내용은 독서 감상문을 쓰는 방법으로, 학생들은 그 과정에서 인상 깊은 작품을 골라 감동받은 부분과 감동받은 까닭을 밝히고 감상 과정을 떠올릴 수 있다. 작품에서 재미와 감동을 느끼게 하는 것의 실체를 파악하고 그에 대한 자신의 생각이나 느낌을 표현할 수 있는 학습을 하도록 한다.

이 단원의 활동으로 학생들은 독서 감상문의 짜임과 주요 내용을 파악하며 여러 형식으로 독서 감상문을 쓰는 능력을 기를 수 있다. 또 글에서 다양한 재미와 감동을 얻은 까닭을 생각해보고, 이를 나누는 활동을 하여 작품에 대한 이해를 높일 수 있다.

독서 감상문은 책을 읽고 자신의 생각이나 느낌을 글로 표현하는 활동입니다. 아울러 재미와 감동이라는 독서의 가치를 일깨워주는 활동이기도 합니다. 책에 대한 생각을 표현하는 과정에서 나와 다른 이들의 생각이나 느낌이 서로 다를 수 있으니, 독서 감상문은 여러 관점에서 생각해보도록 유도하는 효과가 있습니다. 독서 감상문을 쓸 때에는 글을 읽는 사람(독자)을 고려하며 쓰도록 신경 써야 하며, 감상문 쓰기의 과정을 유의해야 합니다.

독서 감상문을 쓰면 감명 깊게 읽은 부분이나 인상 깊은 장면을 기억할 수 있고, 읽은 책의 내용을 다시 한번 돌아보게 되는 장점을 만나게 됩니다. 책을 읽은 동기와 책 내용, 읽고 난 뒤의 생각이나 느낌

따위를 정리할 수 있고, 글을 읽고 느낀 재미나 감동을 다른 사람에게 전할 수 있으니까요.

4학년이라면 다음과 같은 과정으로 독서 감상문을 쓸 수 있어야 합니다.

### ◦ 독서 감상문을 쓰는 방법

| 과정 | 특징 |
|---|---|
| 쓸 책을 정할 때 | • 읽으면서 여러 가지 생각을 하게 하는 책을 고른다.<br>• 새롭게 알게 되는 내용이 많은 책을 고른다. |
| 책 내용을 정리할 때 | • 인상 깊은 부분을 떠올린다.<br>• 생각이나 느낌을 나타낼 수 있는 부분을 간략하게 쓴다. |
| 생각이나 느낌을 쓸 때 | • 새롭게 알거나 생각한 점, 책을 읽고 느낀 점을 쓴다.<br>• 생각이나 느낌에 대한 까닭을 함께 쓴다. |
| 독서 감상문을 고쳐 쓸 때 | • 제목이 잘 어울리는지 확인한다.<br>• 생각이나 느낌이 책 내용과 잘 어울리는지 확인한다. |

4학년에 요구되는 글 중에는 '제안하는 글'이 있습니다. 국어사전에 실린 '제안, 주장, 부탁'의 정의는 다음과 같습니다.

① 제안: 안이나 의견으로 내놓음. 또는 그 안이나 의견

예) 시민의 제안 / 제안을 받아들이다 / 함께 일을 해보자는 제안에 응하기로 했다

② 주장: 자기의 의견이나 주의를 굳게 내세움. 또는 그런 의견이나 주의

예) 정당한 주장 / 터무니없는 주장 / 주장을 굽히다 / 자신의 주장을 합리화하다 / 그는 자신의 주장만을 고집하였다

③ 부탁: 어떤 일을 해달라고 청하거나 맡김. 또는 그 일거리

예) 부탁을 들어주다 / 부탁을 받다 / 나한테 어려운 부탁이 들어왔는데 어떻게 해야 할지 모르겠다

4학년 1학기 국어 교과서 8단원에는 '이런 제안 어때요'가 실려 있습니다. 이 부분의 교사용 지도서의 단원 개관 내용 중 일부를 소개합니다.

> 이 단원은 문제를 해결하기 위해 자신의 의견이 드러나게 제안하는 글을 쓰는 능력을 기르는 것이 목적이다. 이를 위해 먼저 제안하는 글의 특성을 알고 문제 상황, 제안하는 내용, 그런 제안을 하는 까닭을 생각하도록 한다. 그리고 제안하는 글을 쓰는 방법과 과정을 익혀 글에 들어갈 내용을 생성하고 정리해본다. 정리한 내용을 바탕으로 하여 자신의 의견이 들어간 글을 쓰고 실제로 제안해

보는데, 그 과정과 결과를 발표해 서로 공유하고 발전, 심화하도록 했다.

자신의 제안이 한 편의 글쓰기 활동으로 그치는 것이 아니라 생활 속에서 실천될 수 있음을 경험하도록 하는 것도 좋습니다. 또한 글을 쓰는 과정을 분절적으로 인식하지 않도록 주의하고, 독자를 고려해 알맞은 낱말이나 표현을 사용하도록 해야 합니다. 의미가 불분명하거나 모호한 문장을 쓰지 않게 문장의 짜임에 주의하도록 지도해 주세요.

제안하는 글을 쓸 때 주의할 점으로는 어떤 문제 상황인지 파악하고 자세히 쓸 것, 문제를 해결하기 위해 자신의 의견을 제안하는 것 등입니다. 어떤 제안을 하게 된 이유를 쓰고, 글의 제목도 제안하는 내용이 잘 드러나도록 붙입니다.

제안하는 글과 관련해서는 '우리 집의 문제는?', '우리 교실의 문제는?', '우리 학교의 문제는?', '우리 지역의 문제는?', '우리나라의 문제는?' 등으로 확대시켜 나가면 평소 본인이 느꼈던 문제 상황을 자세하고 능동적으로 쓸 수 있습니다.

**제안하는 글에 들어갈 내용**

① 문제 상황: 어떤 점이 문제인지 다른 사람들이 알 수 있게 자세히 씁니다.

예) 깨끗한 물을 구하지 못해 어려움을 겪고 있는 아이들이 있습니다.

② 제안하는 내용: 문제를 해결하기 위한 자신의 제안을 씁니다.

예) 깨끗한 물을 구하지 못하는 어린이들을 위해 기부 운동에 참여합시다.

③ 제안하는 까닭: 왜 그런 제안을 했는지, 제안한 내용대로 했을 때 무엇이 더 나아지는지를 씁니다.

예) 어린이들이 깨끗한 물을 마시고 사용할 수 있기 때문입니다.

④ 제목: 제안하는 내용이 잘 드러나게 제목을 붙입니다.

예) 당신의 1리터를 나누어주세요.

저희 반 아이들이 수업 중 실시한 '제안하는 글'의 예시입니다.

이○○

**제목** 골든벨은 공부 흥미의 어머니

우리 반이 점점 공부의 흥미를 잃고 있습니다. 이대로 흥미를 잃어버리면 공부의 재미도 잃게 될 것입니다. 그래서 과목별로 골든벨 퀴즈를 하면 좋겠습니다. 왜냐하면 저번 독서 골든벨도 책 읽기 싫어하는 아이들이 책을 꼼꼼히 읽는 걸 보았습니다.
그래서 골든벨을 하면 공부가 재밌어지고 더 열심히 할 것입니다. 그리고 시험을 볼 때 그렇게까지 싫어하지 않을 것입니다.

김○○

**제목** 학급문고를 만들어주세요.

우리 반에는 학급문고가 없어서 도서관까지 갔다가 와야 되는 불편함이 있습니다. 그러니 우리 반에 학급문고를 만듭시다.
학급문고를 만들면 도서관까지 가야 하는 불편함도 없고, 책을 읽는 아이들이 늘어날 것입니다. 그렇게 되면 아이들은 책을 읽는 것에 흥미를 느끼게 됩니다.

학급 모든 아이들이 '선생님께 제안하는 글'을 썼고, 그중 학급 운영에 도움이 되는 의견은 수용하여 곧바로 실행했습니다. 위의 두 제안 역시 좋은 의견이라 1학기 말 교과 골든벨 행사를 실시했고, 학급문고를 만들어서 아이들이 매번 도서관에 가야 하는 불편함을 덜어주었습니다.

이러한 제안하는 글쓰기는 가정에서 '부모님께 제안하는 글' 등으로 그 대상을 변형하여 정기적으로 실시하면 화목한 가정을 만드는 데 도움이 될 것입니다. 혹은 반대로, 부모님이 아이에게 제안하는 글을 써서 서로 교환하며 읽어보는 시간도 꼭 갖길 바랍니다. 아이가 글쓰기를 즐겁게 여기도록 만드는 좋은 방법이 아닐까요.

## 5학년 설명문 / 기행문 쓰기

고학년인 5학년이 되면 설명문과 기행문 등을 써보길 바랍니다. 설명문은 5학년의 글쓰기에 적합한 구성입니다. 본인이 알고 있는 지식과 정보를 알기 쉽게 다른 사람들에게 소개하는 글이 설명문인데, 이러한 설명문을 쓰기 위해서는 본인의 배경지식을 동원하여 쉽고 간결한 표현을 사용해야 합니다. 한마디로 이해하기 쉽게 써야 합니다.

설명하는 글을 쓸 때에는 읽는 사람이 알고 싶어 할 만한 내용을, 알맞은 자료를 수집해 이해하기 쉽게 설명해야 합니다. 확실하지 않은 정보나 추측하는 말, 주장하는 말이 들어가면 안 된다는 규칙을 아이들이 염두에 둘 수 있도록 지도해야 합니다.

설명하는 글을 쓸 때 주의할 점으로는 앞서 말한 것처럼, 확실하지 않은 정보를 제공하면 안 됩니다. 그리고 추측하는 말이나 주장하는 말은 설명하는 글에 어울리지 않습니다. 읽는 사람이 이해할 수 있는 말을 사용하며, 동시에 이미 알고 있는 정보가 아닌 몰랐던 정보를 주어야 합니다.

설명문에서 사용할 수 있는 서술 방법으로는 비교, 대조, 열거 등이 있습니다. 두 가지 이상의 대상에서 공통점을 찾아 설명하는 방법을 '비교'라 하고, 차이점을 찾아 설명하는 방법을 '대조'라고 합니다. 또한 설명하려는 대상의 특징을 나열해 설명하는 방법을 '열거'라고 합니다. 열거는 표현하려는 대상이나 내용을 구체적으로 알려주는 데 좋은 방법입니다.

**'비교'의 예시문**

→ 거문고와 가야금의 공통점은 줄로 소리를 내는 전통 악기이자 오동나무로 만든다는 점이다.

**'대조'의 예시문**

→ 거문고는 줄이 12개이고 막대기로 줄을 쳐서 소리를 낸다. 이에 비해 가야금은 줄이 6개이고 손가락으로 줄을 튕겨서 소리를 낸다.

**'열거'의 예시문**

→ 투명 인간이 불가능한 까닭은 눈의 망막까지 투명하면 앞을 볼 수가 없다. 그리고 먹은 음식물이 보이며, 미세한 먼지가 몸에 계속 달라붙기 때문이다.

**설명문에서 객관성에 어긋나는 표현**

**1. 자신의 의견이나 주장이 드러난 경우**

**예문** 봄에는 씨를 뿌리며 옷은 여름과 겨울의 중간 정도로 입습니다. …겨울에는 날씨가 추워져 눈이 내립니다. 우리 모두 이런 멋있는 사계절을 보호합시다.

**2. 추측, 짐작의 표현을 사용한 경우**

**예문** 여름에는 사람들이 더위를 이겨내려고 해수욕장이나 바닷가로 피서를 많이 간다. 그래서 이런 무더운 여름날에 해수욕장이나 바닷가에 가면 사람이 너무 많아서 피서를 제대로 보내지 못할 것이다.

5학년에게 권장하는 또 다른 글쓰기 장르는 기행문입니다. 기행문은 여행을 하고 나서 여정, 견문, 감상에 대해 정서 표현 및 정보 전달을 목적으로 쓰는 글입니다. '처음-가운데-끝'의 구조를 기본으로 하여 다양한 형식으로 쓸 수 있습니다.

여행의 과정이나 일정을 여정이라고 하고, 여행하며 보거나 들은 것을 견문이라고 하며, 여행하며 떠오른 생각이나 느낌을 감상이라고 합니다. 기행문은 여정을 적고, 여행으로 얻은 견문과 감상을 쓴 글입니다. 여정, 견문, 감상은 글 속에서 따로따로 나누는 것이 아니라 여정 속에서 견문과 감상이 함께 어우러진다는 점에 주의해서 쓰길 바랍니다.

먼 곳이나 유명 관광지에 다녀온 여행뿐만 아니라 자신이 사는 곳에서 가까운 관광지나 유적지에 다녀온 경험도 기행문의 글감이지요. 집 근처의 사찰, 혹은 뒷산에 다녀온 이야기도 얼마든지 기행문이 될 수 있습니다. 게다가 기행문은 일기, 편지, 생활문과 같은 여러 형식으로 얼마든지 변형하여 쓸 수 있습니다.

5학년 1학기 국어 교과서 7단원은 '기행문을 써요'입니다. 이 단원의 교사용 지도서 속 단원 개관 내용 중 일부입니다.

이 단원은 여정, 견문, 감상이 잘 드러나게 기행문을 쓰는 것이 목적이다. 학생들은 여행을 다녀와서 보고 느낀 것을 기록하는 활동을 함으로써 여행의 감격과 느낌을 오래 새겨두고, 다른 사람에게 여행의 간접 경험의 기회와 여행지에 대한 이로운 정보를 준다. 이처럼 기행문은 문학성과 실용성을 모두 갖춘 글이다.

이 단원의 활동으로 학생들은 기행문의 여정, 견문, 감상을 자세히 알고, 기행문을 쓰는 방법을 배운다. 언제 어디를 어떻게 여행했는지 여정을 밝히는 것이 기본 얼개이며, 여기에 글쓴이가 보고 들은 것, 이에 대한 감상 따위를 쓰는 과정을 익히는 것이다.

**기행문에 들어갈 내용**

**처음**

- 여행한 까닭이나 목적
- 여행을 떠나기 전의 기대와 설렘, 떠날 때 날씨와 교통편, 도착할 때까지 걸린 시간이나 여행일정 소개 등

**가운데**

- 여행지에서 다닌 곳, 보고 들은 것, 생각하거나 느낀 것
- 인상 깊은 경험이나 이야기, 이동하면서 겪은 일이나 느낌, 새롭게 안 사실, 출발 전에 조사한 여행지 자료 등

**끝**

- 여행의 전체 감상
- 여행한 뒤의 다짐이나 반성, 여행하며 느낀 만족감, 아쉬운 점, 바라는 점, 앞으로의 계획이나 각오, 그리고 여행한 뒤에 달라진 생각이나 태도 등

### 6학년 논설문 / 시 쓰기

6학년 때에는 논설문을 써야 합니다. 논설문이란 자신의 의견이나 주장을 논리적으로 쓰는 글입니다. 그래서 타인을 설득하면서 본인의 주장에 동조하게 만들어야 합니다. 6학년 아이들은 충분히 논설문을 쓸 수 있습니다.

초등학교에서 가장 고학년인 6학년은 학교와 가정에서 다툼이 많이 생기는 나이입니다. 6학년 아이들은 스스로 다 컸다고 생각합니다. 그래서인지 선생님의 지시나 부모님의 잔소리가 부당하다고 느끼는 경향이 있습니다. 이럴 때 본인이 바라는 바나 주장하는 바를 상대에게 잘 전달할 수 있어야 합니다. 또한 타당한 근거를 들어 상대를 설득해야 합니다. 바로 논설문 쓰는 법을 배워야 하는 이유입니다.

6학년 2학기 국어 교과서 3단원은 '타당한 근거로 글을 써요'라는 주제로 논설문에 대해 다루고 있습니다. 다음은 교사용 지도서의 단원 개관 내용 중 일부입니다.

> 이 단원은 타당한 근거와 알맞은 자료를 활용해 논설문을 쓰면서 자료·정보 활용 능력을 기르는 것이 목적이다. 이 단원의 활동으로 학생들은 논설문을 쓸 때 주장에 대한 타당한 근거와 그 근거를 뒷받침하는 알맞은 자료를 활용하는 방법을 배우게 된다. 이 과정에서 단순히 근거를 제시하기보다는 자료를 활용해 설득력 높은 논설문을 쓸 수 있을 것이다.

논설문을 쓸 때 타당한 근거와 알맞은 자료를 활용하면 여러 가지로 이점이 됩니다. 학생들에게 이런 특성을 가르쳐주면서 한 편의 논설문을 완성하는 성취감과 뿌듯함을 느낄 수 있도록 독려해주세요.

논설문을 읽고 평가할 때의 평가 기준에는 첫째, 실천할 수 있는 주장인가? 둘째, 근거가 주장을 뒷받침하는가? 셋째, 자료가 내용을 뒷받침하는가? 넷째, 믿을 만한 자료를 활용했는가? 다섯째, 사용한 표현이 적절한가? 등이 있습니다.

**논설문 쓰는 방법**

**제목**

- 주장이 드러나도록 제목을 붙입니다.
- 읽는 사람의 흥미를 불러일으키면 좋습니다.

**서론**

- 문제 상황이나 주장의 동기, 자신의 주장을 씁니다.
- 흥미를 끄는 질문으로 시작해도 좋습니다.

**본론**

- 주장을 뒷받침하는 근거 두세 가지를 제시합니다.
- 구체적이고 사실적인 자료를 활용합니다.

**결론**

- 본론을 요약하고 주장을 다시 한번 강조합니다.
- 주장을 실천했을 때 나타날 긍정적 모습을 써도 좋습니다.

저학년 때부터 국어 교과서에 시가 등장하지만, 6학년 정도라면 충분히 시 쓰기가 가능합니다. 아이들마다 차이는 있지만 글쓰기에서 산문보다는 시 쓰는 것을 힘겨워하는 경우가 많습니다. 왜냐하면 산문은 본인의 생각을 풀어서 나열하면 되지만, 시는 함축된 언어로 써야 하기 때문에 초등학생들이 꽤 어려워합니다. 6학년 친구들이 자주 시를 써보도록 격려해주세요.

6학년 1학기 국어 교과서 1단원은 '비유하는 표현'입니다. 다음은 교사용 지도서의 단원 개관 내용 중 일부입니다.

이 단원은 시에 나타난 비유하는 표현의 특성과 효과를 살펴보고, 비유하는 표현을 살려 생각과 느낌을 다양하게 표현함으로써 문학 작품 감상 능력과 문화 향유 능력을 기르는 것이 목적이다. 학생들은 시에 나타난 비유하는 표현의 효과와 아름다움을 생각해보고 비유하는 표현을 살려 자신의 생각을 시로 표현해봄으로써 문학작품을 깊이 있게 이해하고 문학작품이 주는 아름다움을 느끼게 된다.

시의 소재를 생각하며 비유하는 표현을 살려 직접 시를 써보세요. 그리고 각자 친구들의 작품을 평가한 뒤에 다시 고쳐 써보면 좋습니다. 우리 생활 주변에서 시로 표현하고 싶은 대상을 정한 뒤 가족 구성원이 함께 시를 쓰는 활동을 해보는 것도 좋은 방법입니다.

생활 속에서 접하는 사물이나 사람이 모두 비유 표현의 대상이 될 수 있음을 이야기해주고, 시가 거창하거나 화려한 것이 아니라 생활 속 경험에서 나오는 것임을 꼭 안내해주세요. 또한 처음부터 완벽하게 시를 완성하는 것이 아니라, 비유 표현을 중심으로 부분적으로 행과 연을 쓰고 나중에 전체를 완성할 수 있도록 하면 됩니다.

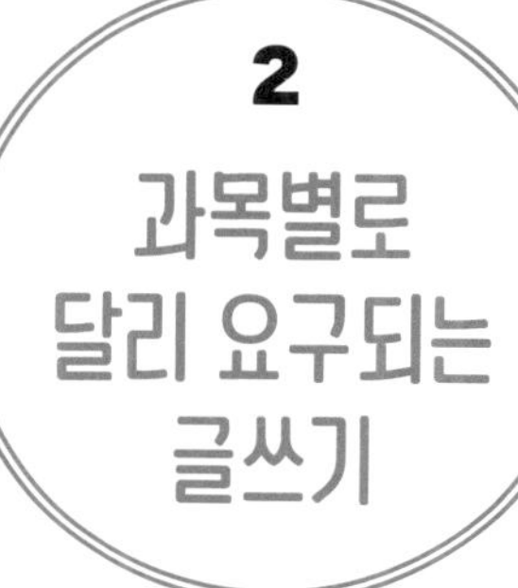

# 2 과목별로 달리 요구되는 글쓰기

## 국어

학교에서 아이들과 생활하다 보면 공부와 글쓰기가 매우 밀접한 관계라는 사실을 알게 됩니다. 과장된 표현이라고 생각할지 모르겠지만, 실제로 글쓰기를 잘하는 아이들이 공부도 잘합니다. 그 이유는 학교에서 이뤄지는 글쓰기 활동의 대부분이 교과와 연계되기 때문입니다. 종래에는 글쓰기가 주로 국어 교과에서 강조되어 왔으나, 최근에는 다른 교과에서도 폭넓게 학습되어야 한다는 주장이 제기되고 있습니다. 국어 이외의 교과에서도 과목의 특성을 살린 글쓰기 활동이 늘어나는 추세입니다.

글쓰기는 논리적이고 창의적인 사고력, 합리적인 의사 결정력 등을 필요로 하는 고차적高次的인 활동이기 때문에 어느 교과에서든 유용하게 활용될 수 있습니다.

국어 교과의 경우 교수·학습 내용은 크게 여섯 가지의 영역으로 구성되어 있습니다. 말하기, 듣기, 읽기, 쓰기, 문법, 문학 영역입니다. 그중 글쓰기는 당연히 '쓰기' 영역에 해당되겠지요.

4학년 1학기 국어 교과서 1단원 '생각과 느낌을 나누어요'(39쪽)를

**∘ 4학년 1학기 국어 1단원 '생각과 느낌을 나누어요'**

1

**4.** 「동 굽은 나무」에 대한 자신의 생각이나 느낌을 여러 가지 방법으로 표현해 봅시다.

(1) 자신의 생각이나 느낌을 표현할 방법을 정해 보세요.

- 오행시 짓기
- 몸으로 표현하기
- __________
- __________

(2) (1)에서 정한 방법으로 친구들 앞에서 발표해 보세요.

(3) 친구들이 한 발표를 보면서 표현 방법과 표현 내용을 정리해 보세요.

| 친구 이름 | 표현 방법 | 표현 내용 |
|---|---|---|
| | | |
| | | |

**5.** 「동 굽은 나무」 속의 성민이가 되어 가 보고 싶은 곳을 말해 봅시다.

39

보면 쓰기가 어떻게 활용되는지 알 수 있습니다.

교과서에 수록된 김철순 시인의 시 〈등 굽은 나무〉를 읽고 자신의 생각이나 느낌을 여러 가지 방법으로 표현하는 활동입니다. 그리고 오행시 짓기, 몸으로 표현하기, 그림으로 그리기, 노래 부르기 등 다양한 방법으로 표현해봅니다. 물론 딱 한 가지로 정해진 정답이 있는 것이 아니므로 다양한 방법으로 표현할 수 있어야 합니다.

이후 친구들 앞에서 자신이 선택한 방법으로 표현하고 다른 친구들의 발표를 들으며 이를 평가합니다.

끝으로 시 속의 주인공이 되어, 자신이 가고 싶은 곳을 말하는 것으로 활동이 마무리됩니다. 마지막 순서도 말하는 활동이지만 글을 먼저 쓴 후 그것을 읽으면 됩니다. 이처럼 단원이 끝날 때마다 쓰기 활동이 주어집니다.

2015 개정 국어과 교육과정의 '쓰기' 영역 내용체계는 다음과 같습니다.

### • 2015 개정 국어과 교육과정 '쓰기' 영역 내용체계

<table>
<tr><th rowspan="2">핵심 개념</th><th rowspan="2">일반화된 지식</th><th colspan="3">학년(군)별 내용 요소</th><th rowspan="2">기능</th></tr>
<tr><th>1–2학년</th><th>3–4학년</th><th>5–6학년</th></tr>
<tr><td>쓰기의 본질</td><td>쓰기는 쓰기 과정에서의 문제를 해결하며 의미를 구성하고 사회적으로 소통하는 행위이다.</td><td></td><td></td><td>• 의미 구성 과정</td><td rowspan="4">• 맥락 이해하기<br>• 독자 분석하기<br>• 아이디어 생산하기<br>• 글 구성하기<br>• 자료 · 매체 활용하기<br>• 표현하기<br>• 고쳐 쓰기<br>• 독자와 교류하기<br>• 점검 및 조정하기</td></tr>
<tr><td>목적에 따른 글의 유형<br>• 정보 전달<br>• 설득<br>• 친교 · 정서 표현<br>쓰기와 매체</td><td>의사소통의 목적, 매체 등에 따라 다양한 글 유형이 있으며, 유형에 따라 쓰기의 초점과 방법이 다르다.</td><td>• 주변 소재에 대한 글<br>• 겪은 일을 표현하는 글</td><td>• 의견을 표현하는 글<br>• 마음을 표현하는 글</td><td>• 설명하는 글 (목적과 대상, 형식과 자료)<br>• 주장하는 글 (적절한 근거와 표현)<br>• 체험에 대한 감상을 표현한 글</td></tr>
<tr><td>쓰기의 구성 요소<br>• 필자 · 글 · 맥락<br>쓰기의 과정<br>쓰기의 전략<br>• 과정별 전략<br>• 상위 인지 전략</td><td>필자는 다양한 쓰기 맥락에서 쓰기 과정에 따라 적절한 전략을 사용하여 글을 쓴다.</td><td>• 글자 쓰기<br>• 문장 쓰기</td><td>• 문단 쓰기<br>• 시간의 흐름에 따른 조직<br>• 독자 고려</td><td>• 목적 · 주제를 고려한 내용과 매체 선정</td></tr>
<tr><td>쓰기의 태도<br>• 쓰기 흥미<br>• 쓰기 윤리<br>• 쓰기의 생활화</td><td>쓰기의 가치를 인식하고 쓰기 윤리를 지키며 즐겨 쓸 때 쓰기를 효과적으로 수행할 수 있다.</td><td>• 쓰기에 대한 흥미</td><td>• 쓰기에 대한 자신감</td><td>• 독자의 존중과 배려</td></tr>
</table>

2015 개정 국어과 교육과정의 '쓰기' 영역 성취 기준은 다음과 같습니다.

### ◦ 국어과 교육과정의 '쓰기' 영역 성취 기준

1. 초등학교 1~2학년

① 글자를 바르게 쓴다.
② 자신의 생각을 문장으로 표현한다.
③ 주변의 사람이나 사물에 대해 짧은 글을 쓴다.
④ 인상 깊었던 일이나 겪은 일에 대한 생각이나 느낌을 쓴다.
⑤ 쓰기에 흥미를 가지고 즐겨 쓰는 태도를 지닌다.

2. 초등학교 3~4학년

① 중심 문장과 뒷받침 문장을 갖추어 문단을 쓴다.
② 시간의 흐름에 따라 사건이나 행동이 드러나게 글을 쓴다.
③ 관심 있는 주제에 대해 자신의 의견이 드러나게 글을 쓴다.
④ 읽는 이를 고려하며 자신의 마음을 표현하는 글을 쓴다.
⑤ 쓰기에 자신감을 갖고 자신의 글을 적극적으로 나누는 태도를 지닌다.

3. 초등학교 5~6학년

① 쓰기는 절차에 따라 의미를 구성하고 표현하는 과정임을 이해하고 글을 쓴다.
② 목적이나 주제에 따라 알맞은 내용과 매체를 선정하여 글을 쓴다.
③ 목적이나 대상에 따라 알맞은 형식과 자료를 사용하여 설명하는 글을 쓴다.
④ 적절한 근거와 알맞은 표현을 사용하여 주장하는 글을 쓴다.
⑤ 체험한 일에 대한 감상이 드러나게 글을 쓴다.
⑥ 독자를 존중하고 배려하며 글을 쓰는 태도를 지닌다.

수학

2015 개정 수학과 교육과정의 교과 역량은 모두 여섯 가지입니다. 문제 해결, 추론, 창의 융합, 의사소통, 정보 처리, 태도 및 실천 등입니다. 그중 의사소통 능력은 '수학 지식이나 아이디어, 수학적 활동의 결과, 문제 해결 과정, 신념과 태도 등을 말이나 글, 그림, 기호로 표현하고 다른 사람의 아이디어를 이해하는 능력'을 뜻합니다. 의사소통 능력의 하위 요소 중 '자신의 생각 표현'은 다음과 같습니다.

| 하위 요소 | 의미 | 기능 |
|---|---|---|
| 자신의 생각 표현 | 수학 학습 활동 과정과 결과를 다른 사람에게 표현하는 능력 | 설명하기, 쓰기, 말하기, 보여주기, 토론하기 |

그래서 예전과 다르게 요즘 초등학생들은 수학 시간에 이루어지는 글쓰기가 낯설지 않습니다. 크게 교과서의 '생각 수학'과 '탐구 수학'에서 수학적 글쓰기를 실시합니다. '생각 수학'은 단원에서 배운 지식을 적용하여 학생의 문제 해결 능력을 키우는 차시입니다. 단계별로 문제를 해결한 후 유사 유형으로 제시한 문제를 학생들 스스로 해결하게 하여 문제 해결 능력을 기르도록 합니다. '탐구 수학'은 단원의 주제와 관련된 탐구 활동을 제시하여 학생이 학습한 내용을 다양하고 깊이 있게 생각해보도록 구성하였습니다.

◦ **4학년 1학기 수학 3단원 '곱셈과 나눗셈'**

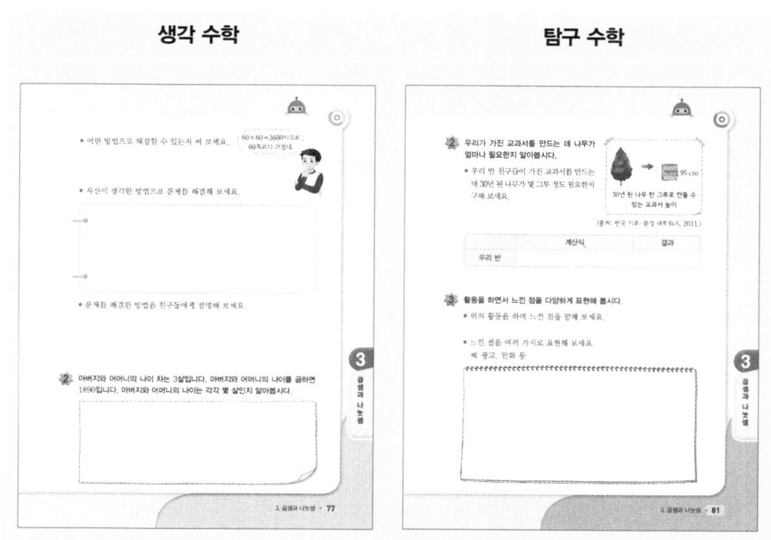

**생각 수학**

- 어떤 방법으로 해결할 수 있는지 써 보세요.

60×60=3600이므로 60쪽보다 크겠네.

- 자신이 생각한 방법으로 문제를 해결해 보세요.
- 문제를 해결한 방법을 친구들에게 설명해 보세요.

2 아버지와 어머니의 나이 차는 3살입니다. 아버지와 어머니의 나이를 곱하면 1890입니다. 아버지와 어머니의 나이는 각각 몇 살인지 알아봅시다.

3 곱셈과 나눗셈

3. 곱셈과 나눗셈 ◦ 77

**탐구 수학**

2 우리가 가진 교과서를 만드는 데 나무가 얼마나 필요한지 알아봅시다.

- 우리 반 친구들이 가진 교과서를 만드는 데 30년 된 나무가 몇 그루 정도 필요한지 구해 보세요.

95 cm

30년 된 나무 한 그루로 만들 수 있는 교과서 높이

(출처: 한국 기후·환경 네트워크, 2011.)

| | 계산식 | 결과 |
|---|---|---|
| 우리 반 | | |

3 활동을 하면서 느낀 점을 다양하게 표현해 봅시다.

- 위의 활동을 하며 느낀 점을 말해 보세요.
- 느낀 점을 여러 가지로 표현해 보세요.

예 광고, 만화 등

3 곱셈과 나눗셈

3. 곱셈과 나눗셈 ◦ 81

위의 '생각 수학' 2번의 문제처럼 아이들이 직접 본인이 배운 단원의 주요 내용을 가지고 문제를 만들어보는 것입니다. 매일 한 문제씩 스토리텔링이나 이야기 형태의 문제를 출제하면 수학 문제를 복습하는 것뿐 아니라 간단한 쓰기를 통해 수학 실력의 향상도 도모할 수 있습니다. 저학년의 경우 문제 자체가 말이 안 될 수도 있습니다. 그럴 경우에는 부모님이 옆에서 다듬으며 도와주시면 됩니다. 문제를 직접 출제해보는 경험은 아이가 선생님의 입장이 되어 교과서를 다시 살펴보게 되며, 수학 문제를 파악하는 눈도 크게 향상될 수 있는 좋은 계기가 됩니다.

## 사회

사회는 국어와 함께 아이들이 글쓰기 활동을 가장 많이 하게 되는 교과입니다. 우선 각 단원을 시작할 때 단원의 명칭을 제시하며 마인드맵으로 이 단원을 살펴봅니다. 그런 다음 떠오르는 것을 자유롭게 써 보도록 합니다.

다음은 4학년 1학기 1단원 '지역의 위치와 특성' 중 교과서 9쪽의 일부입니다. 마인드맵이나 그림을 활용하여 단원의 내용을 알아봅니다.

중심지의 답사 계획서 작성이나 답사 후 결과 보고서 작성 등도 모두 사회과에서 실시하는 고유한 글쓰기입니다. 또는 우리 지역의 중심지와 다른 지역의 중심지를 두고 서로 비교하는 글쓰기도 가능합니

- **사회 교과서의 단원 시작(마인드맵 이용)**

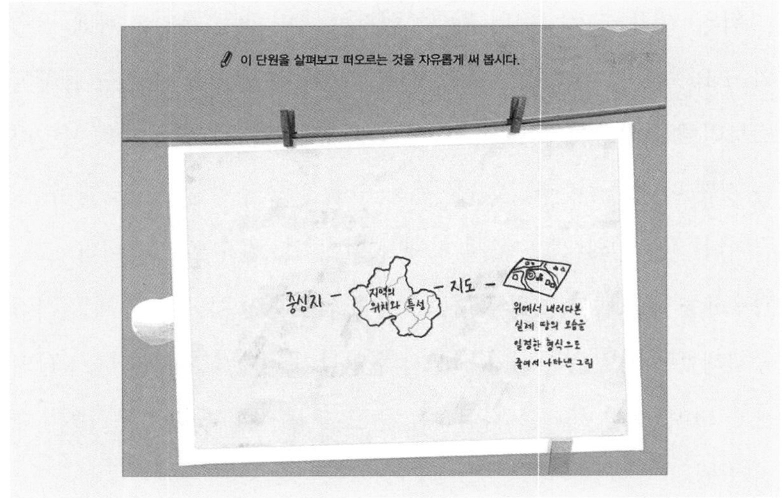

다. 실제 교과서에서도 서로 다른 지역에 사는 친구들이 각자의 중심지를 소개하는 편지를 주고받는 활동이 나옵니다.

그리고 우리 지역의 문화유산, 역사적 인물에 대해 소개하는 글쓰기를 해도 좋습니다. 중심지처럼 문화유산의 답사 계획서와 답사 보고서를 작성해보며 역사적 인물에게 편지를 쓰는 것도 괜찮습니다.

'역사에는 만약이 없다'지만 상상력을 동원해 역사적 글쓰기를 완성합니다. '내가 그 시대에 살았더라면' 혹은 '역사적 위인이 요즘 태어난 인물이라면 어땠을까?' 등등 다양한 글쓰기가 가능하겠지요.

다음으로 우리 지역의 공공기관을 다녀간 견학 보고서를 작성해봅니다. 실제로 견학한 후 소감문을 작성하는 것이 좋겠지요. 그 외에 우

**◦ 사회 교과서의 단원 마무리**

사고력 쑥쑥

중심지의 미래 모습을 상상하여 나타내 봅시다.

❶ 미래의 중심지는 어떤 모습일까요? 우리 지역의 중심지가 어떤 모습으로 달라지면 좋을지 친구들과 의논해 써 봅시다.

| 새롭게 만들고 싶은 것 | |
| --- | --- |
| 바꾸고 싶은 것 | |

❷ 우리 지역 중심지의 미래 모습을 글이나 그림으로 표현해 봅시다.

단원 마무리 ◦ 53

우리 지역의 대표적인 문화유산 중에서 한 곳을 정해 답사 계획을 세워 봅시다.

답사 계획서

| 답사 목적 | |
| --- | --- |
| 답사 장소 | |
| 답사 날짜 | |
| 답사할 사람 | |
| 답사 내용 | |
| 답사 방법 | |
| 역할 나누기 | |
| 준비물 | |
| 주의할 점 | |

마무리 퀴즈

❶ 우리 지역의 문화유산 63

리 지역의 문제를 해결하기 위한 방안을 생각해보며, 어떻게 실천할 수 있는지 글쓰기를 통해 구체화시켜 나가는 것도 의미가 있습니다.

### 과학

초등학교의 과학은 교과서 외에도 〈실험 관찰〉이라는 보조 교과서가 별도로 있습니다. 〈실험 관찰〉은 과학 교과서의 보조 교과서 성격을 띠는 것으로, 순수하게 워크북의 역할을 하도록 구성되어 있습니다. 과학 수업시간에 하는 활동 중 기록이 필요한 내용은 모두 〈실험 관찰〉에 기록하도록 되어 있습니다. 그래서 과학 시간에 이 교재를 꼼꼼하게 작성하면 그것이 바로 과학 글쓰기가 됩니다.

담임선생님에 따라 〈실험 관찰〉을 활용하지 않는 경우도 있습니다. 그럴 때에는 아이가 학교에서 과학 수업을 받고 온 당일 저녁이나 주말을 이용해서 〈실험 관찰〉을 쓰며 복습과 과학 글쓰기를 동시에 실천하게 해주세요.

물론 쉽지 않은 일입니다. 그럴 때에는 과학 교과서를 다시 열어 내용을 되새기면서 쓰면 됩니다. 빠짐없이, 구체적으로, 정확하게 쓰는 것보다는 꾸준하게 과학 글쓰기에 임한다는 점이 중요합니다. 아이에게 〈실험 관찰〉을 학교에서 가져오게 하여 한번 살펴보시기 바랍니다. 책이 깨끗할 경우 아이에게 교과서를 보며 스스로 정리해보게 하세요. 〈실험 관찰〉은 배운 것을 정리하여 구조화하기에 매우 좋은 보조 교과서입니다. 과학 글쓰기도 가능하니 아이가 책을 잘 활용할 수 있도록 부모님들께서 관심을 가져주세요.

아울러 '과학 일기 쓰기'도 권장합니다. 과학 일기 쓰기는 하루 동안 경험한 일과 중에서 과학과 관련된 현상이나 생각을 소재로 하여 형식과 분량의 제한 없이 쓰는 글입니다.

만약 아침 등교하는 길에 고양이를 보았다면 동물의 생활과 특성, 동물의 한살이에 대해 글을 씁니다. 여름철 산과 바다로 여행을 다녀왔다면 지표의 변화에 대한 글도 좋습니다.

일주일에 총 3회의 생활일기를 쓴다면 그중 주 1회 정도만 작성하라고 해도 학생들이 부담을 느끼지는 않을 것입니다. 과학 일기를 쓰면서 아이들은 과학 시간에 배운 내용을 복습하고 그것을 자신의 생활과 연결시킴으로써 학습했던 내용을 좀 더 오랫동안 기억하게 됩니다. 과학이라는 교과목에 더욱 흥미를 갖게 될 뿐만 아니라, 누가 말하지 않아도 알아서 과학 도서를 찾아 읽게 되는 긍정적인 효과도 기대해볼 만하겠지요. 더구나 교과 내용과 관련되는 과학 도서를 읽다 보면 아이의 과학지식이 풍부해지게 되겠지요.

나 자신이 주변의 과학 현상을 주의 깊게 살펴보고, 그것을 글로 쓴다는 사실 그 자체가 중요합니다.

### 영어

초등학교의 영어는 가능한 영어로 쓰기를 해야 합니다. 2015 개정 초등학교 영어과 교육과정의 영역은 모두 네 가지로 분류됩니다. 듣기,

말하기, 읽기, 쓰기. 그중 '쓰기' 영역의 내용체계는 다음과 같습니다.

**◦ 2015 개정 영어과 교육과정 '쓰기' 영역 내용체계**

| 핵심 개념 | 일반화된 지식 | 내용 요소 | | 기능 |
|---|---|---|---|---|
| | | 3-4학년 | 5-6학년 | |
| 철자 | 알파벳을 쓴다. | • 알파벳 대·소문자 | • 알파벳 대·소문자 | 구별하기<br>적용하기 |
| 어휘 및 어구 | 낱말이나 어구를 쓴다. | • 구두로 익힌 낱말, 어구<br>• 실물, 그림 | • 구두로 익힌 낱말, 어구<br>• 실물, 그림 | 모방하기<br>적용하기 |
| 문장 | 문장을 쓴다. | | • 문장 부호<br>• 구두로 익힌 문장 | 표현하기<br>적용하기 |
| 작문 | 상황과 목적에 맞는 글을 쓴다. | | • 초대, 감사, 축하 글 | 표현하기<br>설명하기 |

2015 개정 영어과 교육과정의 '쓰기' 영역 성취 기준은 다음과 같습니다.

**◦ 영어과 교육과정의 '쓰기' 영역 성취 기준**

1. 초등학교 3~4학년

① 알파벳 대·소문자를 구별하여 쓸 수 있다.
② 구두로 익힌 낱말이나 어구를 따라 쓰거나 보고 쓸 수 있다.
③ 실물이나 그림을 보고 쉽고 간단한 낱말이나 어구를 쓸 수 있다

2. 초등학교 5~6학년

① 소리와 철자의 관계를 바탕으로 쉽고 간단한 낱말이나 어구를 듣고 쓸 수 있다.
② 알파벳 대·소문자와 문장부호를 문장에서 바르게 사용할 수 있다.
③ 구두로 익힌 문장을 쓸 수 있다.
④ 실물이나 그림을 보고 한두 문장으로 표현할 수 있다.
⑤ 예시문을 참고하여 간단한 초대, 감사, 축하 등의 글을 쓸 수 있다.

초등학교 3~4학년군의 쓰기 영역 성취기준은 학습자들이 영어 알파벳 대소문자를 구별하여 쓰고, 구두로 익힌 낱말과 어구를 따라 쓰거나 보고 쓰며, 쉽고 간단한 낱말이나 어구를 쓸 수 있도록 설정되었습니다. 학습자들이 3~4학년군의 쓰기 영역 성취기준을 달성함으로써 영어 쓰기 의사소통능력의 기초를 다지고, 영어에 대한 흥미와 자신감을 가지며, 다른 문화와 언어의 다양성을 이해할 수 있도록 합니다.

초등학교 5~6학년군의 쓰기 영역 성취기준은 학습자들이 쉽고 간단한 낱말과 어구를 듣고 쓰며, 알파벳 대소문자와 문장부호를 쓰고, 구두로 익힌 문장이나 예시문을 참고하여 간단한 글을 쓰는 것, 그리고 일상생활에 관한 짧고 간단한 글을 쓸 수 있도록 설정되었습니다. 학습자들이 5~6학년 쓰기 영역의 성취기준에 닿으면 3~4학년군에서 익힌 쓰기 기초 의사소통능력을 계속 발전시키고, 영어에 대한 흥미와 관심을 지속시키며, 스스로 영어 학습을 할 수 있는 방법을 습득하여 영어 학습에 대한 자신감을 가질 수 있도록 합니다. 또한 여러 가지 매체를 통하여 다른 언어에 대한 다양성을 이해하고, 다른 문화와 언어를 이해하며 포용하는 태도를 기를 수 있도록 합니다.

하지만 현실적으로 초등학생들이 영어로 쓰기를 하는 것은 쉽지 않습니다. 잘 하는 소수의 아이들은 영어로 일기 쓰기 등을 하면 효과적이겠지만 대부분의 아이들에게는 어려운 게 사실입니다.

그리고 실제 초등 영어 교육에서는 쓰기보다는 말하기와 듣기를 더 중점적으로 교육합니다. 따라서 영어로 글쓰기는 우리 아이의 특성과 상황에 맞춰 탄력적으로 실시하는 것이 좋습니다.

처음에는 쉽고 간단한 단어를 사용하여 짧은 영어 일기를 쓰게 하세요. 부모님은 우리 아이가 영어로 일기를 썼다는 것에 의의를 두고 문법이나 철자가 틀렸는지 확인하지 않도록 하세요. 안 그래도 영어로 글을 쓰려니 머리가 아픈데 부모님이 틀린 것을 지적하면 아이는 영어에 두려움을 느끼게 되겠지요. 한 문장이라도 두 문장이라도 반복해서 일기를 쓰다 보면, 아이들은 점차 익숙해져서 주어, 동사, 목적어만 있던 문장에 형용사나 부사, 감탄사도 이용하여 글을 쓰게 될 거예요. 영어 일기 쓰기가 어느 정도 된다고 판단되면, 주제를 정해서 영어 에세이를 써보게 하시면 됩니다.

☺ 해피이선생의 글쓰기 조언

## 신문 활용 글쓰기

가정에서 아이들과 신문을 활용해서 글쓰기를 할 수 있습니다.

구체적인 방법으로는 기사 내용, 광고, 만화를 중심으로 진행하는데, 먼저 기사 내용과 관련하여 기사를 읽고 내용을 이해하기, 기사 내용을 정확하고 간결하게 요약하기, 기사 내용에 알맞은 제목 달기, 기사 내용에서 사실 부분과 의견 부분을 구별하기 등의 활동을 합니다.

다음으로 광고를 중심으로 신문에 실린 광고와 다른 매체에 실린 광고를 비교하기, 공익 광고와 상업 광고를 비교하기, 광고 내용에 담긴 사실 부분과 의견 부분을 구분하는 활동을 해봅니다.

끝으로 만화를 중심으로 만화를 읽고 내용 설명하기, 만화의 내용을 줄글로 구체화하기, 만화에서 다룬 내용을 기사에서 찾아 비교하기 등을 진행합니다.

이렇게 국어 글쓰기의 소재로 신문을 활용하면 누구나 손쉽게 소재를 구할 수 있고, 사회적 문제를 다루면서 이를 교과서에서 배운 내용과 관련지어 생각할 수 있다는 장점이 있습니다. 다양한 정보가 실려 있으므로 정보를 취사선택하여 여러 가지 형태로 활용 가능하고, 사진, 그래프, 삽화 등의 시각적 자료도 이용할 수 있습니다. 게

다가 사회의 변화와 흐름을 이해하면서 사고력, 판단력, 창의성도 길러줍니다.

하지만 아이들의 수준에 맞지 않는 문장이나, 아이들의 학습에 적합하지 않은 기사가 있을 수 있습니다. 기사 제목이 자극적이거나 선정적일 수 있으며 신문사와 기자의 편견이 개입될 소지가 있다는 것은 단점이기도 합니다.

따라서 그러한 단점을 보완하기 위해 교사와 학부모는 신중하게 기사를 선택해야 하며, 아이들의 수준에 맞도록 재가공해서 사용할 필요가 있습니다. 학습 자료로 신문 기사를 선택할 시 지도 목적에 맞는 것, 객관적인 것, 어린이의 흥미와 관심을 끄는 것, 어렵지 않은 것 등 제대로 된 기준을 통해 선별해서 활용한다면 글쓰기 능력 신장에 많은 도움이 될 것입니다.

맺음말

# 우리 인생과 쭉 함께 가는 글쓰기

# 우리 인생과 쭉 함께 가는 글쓰기

아이들의 학년이 올라갈수록, 그리고 중학교와 고등학교에 진학할 나이가 될수록 글쓰기의 중요성은 더욱 커질 것입니다. 하지만 글쓰기의 중요성에 비례해서 함께 커지는 것이 글쓰기에 대한 스트레스입니다. 결국 학년이 오를수록 아이들이 글쓰기를 더욱 멀리하고 있는 실정입니다.

학교에서 국어 시간, 또는 창의적 체험활동이나 다른 시간을 활용하여 친절하고 차근차근 글쓰기 지도를 해주면 좋으련만 현실에서는 그렇지 않습니다. 그래서 부모님들께서 좀 더 관심을 갖고 가정에서 우리 아이의 글쓰기 실력 향상을 위해 최대한 도움을 주어야 합니다.

"글쓰기, 나도 잘 할 수 있다!"

글쓰기에 익숙해지는 것만으로도 아이의 학교생활에 자신감이 붙습니다. 학업 성취까지 더불어 높아지기도 합니다. 이 책을 끝까지 다 읽어보신 독자분들이라면 바로 오늘부터 실천 가능한 것부터 꼭 시작하길 바랍니다.

다른 모든 것들이 그렇지만 글쓰기는 특히 습관이 중요합니다. 지금 당장은 우리 아이의 글쓰기 실력이 턱없이 부족하고 글 쓰는 것을 힘겨워 하겠지만, 꾸준하게 습관처럼 글을 쓰다 보면 본인도 모르는 사이에 글쓰기 실력이 향상될 것입니다.

그 연습의 기간 동안 아이가 지쳐 쓰러지지 않도록 부모님께서 항상 관심을 갖고 응원해주셔야 합니다. 때로는 부모님도 함께 직접 글을 쓰면서 동반자가 되어주길 바랍니다. 그러다보면 반드시 우리 아이는 조금씩 성장해나갈 것입니다. 물론 성장의 폭과 정도는 아이의 노력과 특성에 따라 다르겠지만 적어도 글쓰기에 부담을 느끼며 더 이상 꺼려하지는 않을 것입니다.

우리의 인생은 글쓰기의 연속입니다. 초등학교에서는 일기와 독서록 쓰기로, 중학교와 고등학교에서는 수행평가와 작문으로, 대학교에 입학할 때는 논술 시험으로, 대학 생활 중에는 리포트와 시험 답안 쓰기, 졸업 논문 쓰기 등으로 입사 시험을 볼 때에도 자기소개서를 쓰며 논술 시험을 보게 됩니다.

그뿐인가요? 직장생활을 하면서 작성해야 하는 각종 보고서나 제안서 등도 글쓰기의 연장입니다.

"피할 수 없으면 즐겨라"라는 말이 있습니다. 어차피 우리 인생에서 글쓰기가 꼭 필요한 만큼, 초등 시기부터 부모님의 관심과 격려로 바로 잡아주시기 바랍니다. 지금 당장 가시적인 성과가 나타나지 않겠지만 분명 어릴 때부터 꾸준하게 글쓰기를 생활화한다면 훗날 커다란 빛을 발하는 날이 올 것입니다.

그리고 그 길에 이 책이 마중물의 역할을 했으면 하는 바람입니다.

# 부록

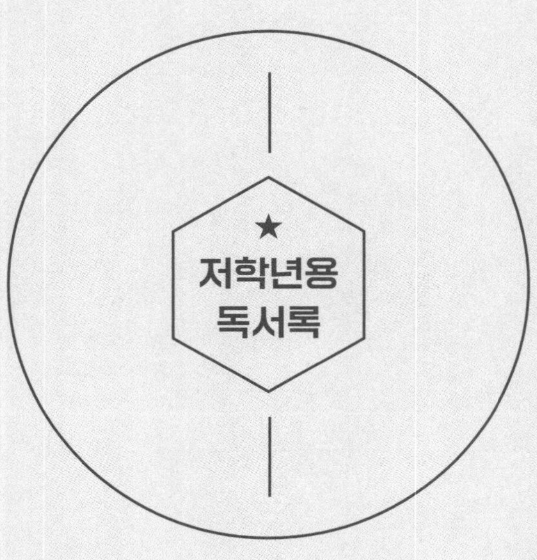
★
저학년용
독서록

## ① 떠오르는 장면 그리기

※ 읽은 책의 내용 중에서 인상 깊은 장면을 떠올려 그림으로 나타내보세요.

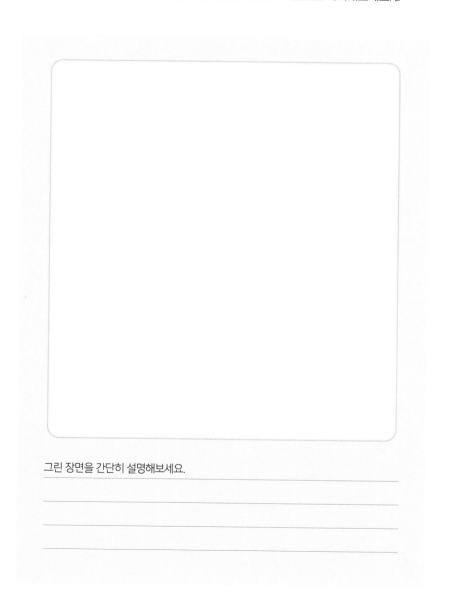

그린 장면을 간단히 설명해보세요.

## ② 친구나 동생에게 이야기하기

※ 인상 깊은 장면을 그림으로 나타내고 친구나 동생에게 그 그림을 설명해보세요.

설명하기

## ③ 등장인물 그리기

※ 등장인물 중 네 명을 선택하여 나이와 성격 등 특징을 살려 자유롭게 그려보세요.

✣첫 번째 인물

✣두 번째 인물

✣세 번째 인물

✣네 번째 인물

## ④ 떠올리기

※ 읽은 책의 내용을 떠올리며 느낌이나 생각을 써보세요.

## ⑤ 동시 짓기

※ 글의 중심내용을 생각하면서 한 편의 동시를 써보세요.

## ⑥ 독서 그림일기

※ 읽은 책의 내용 중에서 인상 깊은 장면을 떠올려 그림으로 나타내보세요.

년 일 요일 날씨

그림 일기 내용

## ⑦ 마음껏 표현하세요

※ 책을 읽은 후 느낌과 마음을 자유롭게 표현해보세요.

## ⑧ 주인공 인터뷰하기

※ 내가 기자가 되었다고 생각하고 주인공에게 궁금한 것을 물어보세요.

기자:

주인공:

기자:

주인공:

기자:

주인공:

## ⑨ 마인드맵으로 표현하기

※ 주인공을 떠올려보세요. 꽃 가운데에는 주인공의 모습을 그리고,
꽃잎에는 주인공을 생각하면 떠오르는 것을 그리거나 써보세요.

## ⑩ 주인공에게 주는 상장

※ 주인공에게 상장을 줘보세요. 상을 주는 이유를 두 가지 정도 적어보세요.

# 상 장

이름

위 사람은 ______________________________

______________________________

______________________________

______________________________

______________________________

이 상장을 수여합니다.

2021년 월 일

드림

## ⑪ 선물하고 싶어요

※ 책에 나오는 인상 깊은 물건을 골라 주변 사람들에게 선물하는 글을 써보세요.

| 책 제목 | |
|---|---|
| 선물할 물건 | 선물할 사람 |
| 선물하고 싶은 까닭 | |

# ⑫ 비슷한 점과 다른 점 찾기

※ 책 속 인물과 자신의 비슷한 점과 다른 점 찾기

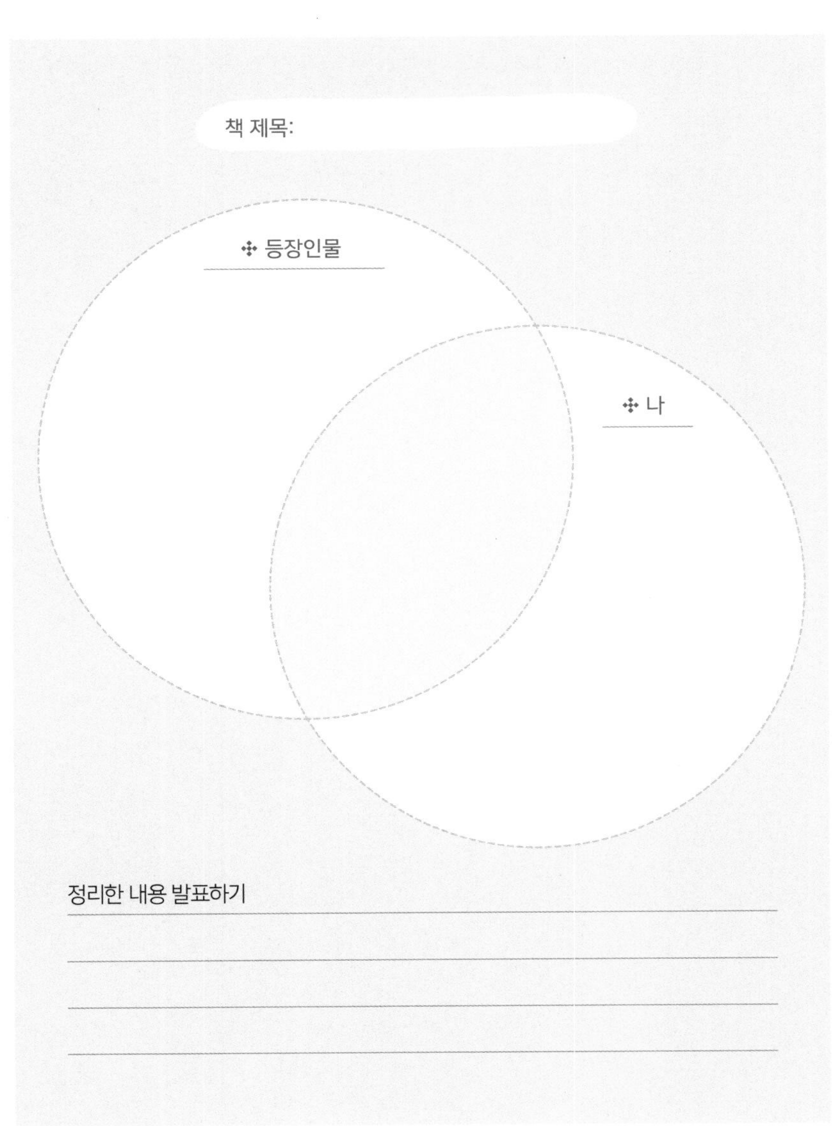


정리한 내용 발표하기

## ⑬ 책 속에 나오는 물건 만들기

※ 책 속에 나오는 물건 가운데에서 한 가지를 정한 후
종이, 풀, 가위 등을 이용해 정한 물건을 직접 만들어보세요.

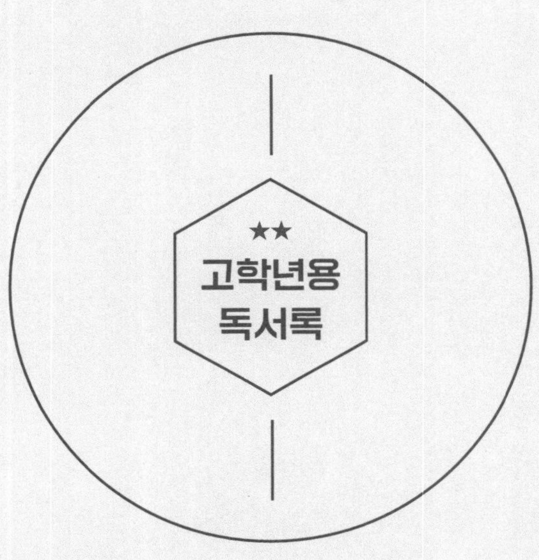
★★
고학년용
독서록

## 1 만화로 표현하기

※ 줄거리를 여섯 장면으로 나누고 만화 그림으로 표현해보세요.

1

2

3

4

5

6

## ② 동시 짓기

※ 글의 내용을 생각하면서 동시를 지어보세요.

## ③ 책 표지 만들기

※ 책 속 장면이나 주인공의 모습을 떠올리며 책 표지를 만들어보세요.

## ④ 일기 쓰기

※ 여러분이 책 속 주인공이 된다고 생각해보세요. 어떤 일들을 하고 싶나요?
주인공의 하루를 재미있게 써보세요.

## ⑤ 책 소개하기

※ 책을 읽고 줄거리와 느낀 점을 정리해보세요.

책 제목:

지은이:

등장인물:

줄거리:

느낀 점:

## ⑥ 과학 독후감 쓰기

※ 과학책을 읽고 새롭게 알게 된 사실이나 과학이 가져올 미래를 상상해보세요.

# ⑦ 사건 정리하기

※ 책을 읽고 기억에 남는 사건을 정리해보세요.

| 주인공 | |
|---|---|
| 상황 | |
| | |
| | |
| 행동 | |
| | |
| | |
| 동기 | |
| | |
| | |
| 갈등 | |
| | |
| | |
| 결과 | |
| | |
| | |

# ⑧ 인물 인터뷰

※ 기자가 되어 등장인물을 대상으로 인터뷰를 하고 답변을 적어보세요.

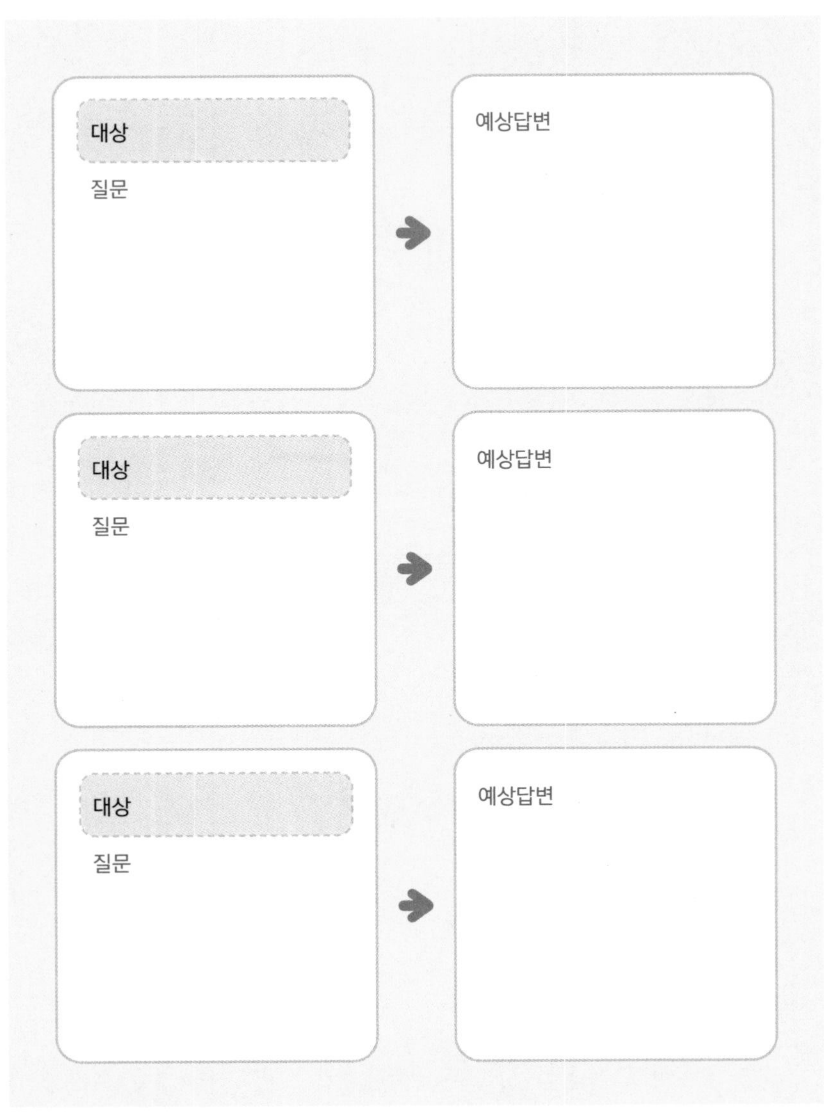

## ⑨ 작가에게 편지 쓰기

※ 책을 읽고 작가에게 궁금한 점이나 전하고 싶은 마음을 써보세요.

✣ 가장 기억에 남는 장면을 그려보세요.

## ⑩ 퍼즐 만들기

※ 책에 나오는 낱말 5개 이상을 사용해 퍼즐을 만들어보세요.

| | | | | | |
|---|---|---|---|---|---|
| | | | | | |
| | | | | | |
| | | | | | |
| | | | | | |
| | | | | | |
| | | | | | |

가로 열쇠

세로 열쇠

# ⑪ 기념 우표 만들기

※ 책을 읽고 인상적인 장면을 골라 기념 우표로 만들어보세요.

만든 이유를 간단하게 설명해보세요.

## ⑫ 신문으로 만들기

※ 책을 읽고 내용과 느낀 점을 간단히 신문 기사로 만들어보세요.

그림이나 사진

년 월 일 요일 글쓴이 기자:

## ⑬ 숨은그림 찾기

※ 책을 읽고, 주인공이 등장하는 숨은그림찾기를 만들어보세요.

✣ 숨은그림찾기

✣ 숨어 있는 그림을 찾아보세요.

## 참고 문헌

강승임, 한 문장부터 열 문장까지 초등 글쓰기, 소울키즈

강원국, 강원국의 글쓰기, 메디치미디어

강원국, 나는 말하듯이 쓴다, 위즈덤하우스

권귀헌, 초등 글쓰기 비밀수업, 서사원

김도현, 개요 짜기로 완성하는 초등 6년 글쓰기 캠프, 성안북스

김민태, 일단 오늘 한 줄 써봅시다, 비즈니스북스

김성효, 초등공부 독서로 시작해 글쓰기로 끝내라, 해냄출판사

김세연, 중 · 고등학생을 위한 청소년 글쓰기, 푸른영토

김용택, 뭘 써요, 뭘 쓰라고요?, 한솔수북

김용택, 어린이 인성 사전, 이마주

김주환, 학생글로 배우는 글쓰기, 우리학교

남미영, 공부머리를 완성하는 초등 글쓰기, 21세기북스

모니카 레오넬, 8분 글쓰기 습관, 사우

박재찬, 하루 한 장 초등 교과서 글쓰기, 경향BP

보니 노이바우어, 창의적 글쓰기 100일의 기적, 넥서스books

서예나, 어린이를 위한 글쓰기 수업, 푸른날개

송숙희, 150년 하버드 글쓰기 비법, 유노북스

오현선, 우리 아이 진짜 글쓰기, 이비락

윤영선, 마음이 건강해지는 초등 글쓰기, 여우고개

윤희솔, 하루 3줄 초등 글쓰기의 기적, 청림life

이가령, 이가령 선생님의 싱싱 글쓰기, 지식프레임

이강룡, 글쓰기 기본기, 창비

이새롬, 초등 독서록 쓰기의 기적, 마더북스

이영근, 영근 샘의 글쓰기 수업, 에듀니티

이윤영, 10분 초등 완성 메모 글쓰기, 넥스트books

이은경, 초등 매일 글쓰기의 힘, 상상아카데미

장서영, 초등 적기글쓰기, 글담출판

정여울, 끝까지 쓰는 용기, 김영사

조현주, 자존감 있는 글쓰기, 레몬북스

채인선, 글쓰기 처방전, 책읽는곰

프레드 화이트, 정윤미 옮김, 글쓰기의 모든 것, 씽크북

한지원, 자존감을 높이는 엄마의 글쓰기 코칭, 카모마일북스

황경희, 재미 만점 초등 글쓰기, 예문

교육부, 〈초등학교 국어 1-1, 1-2 교사용 지도서〉, 교육부

교육부, 〈초등학교 국어 2-1, 2-2 교사용 지도서〉, 교육부

교육부, 〈초등학교 국어 3-1, 3-2 교사용 지도서〉, 교육부

교육부, 〈초등학교 국어 4-1, 4-2 교사용 지도서〉, 교육부

교육부, 〈초등학교 국어 5-1, 5-2 교사용 지도서〉, 교육부

교육부, 〈초등학교 국어 6-1, 6-2 교사용 지도서〉, 교육부

교육부, 〈초등학교 수학 4-1 교과서〉, 교육부

교육부, 〈초등학교 사회 4-1 교과서〉, 교육부

교육부, 〈초등학교 과학 4-1 교과서〉, 교육부

김혜리 외, 〈초등학교 영어 4학년 교사용 지도서〉, YBM

교육부, 〈초등학교 국어 6-1, 6-2 교사용 지도서〉, 교육부

# 초등, 글쓰기

보다 중요한 것은 없습니다